Eu, _____, dedico este livro a(o) _____.

Que o "Mestre dos Mestres" lhe ensine que nas falhas e lágrimas se esculpe a sabedoria.

Que o "Mestre da Sensibilidade" lhe ensine a contemplar as coisas simples e a navegar nas águas da emoção.

Que o "Mestre da Vida" lhe ensine a não ter medo de viver e a superar os momentos mais difíceis da sua história.

Que o "Mestre do Amor" lhe ensine que a vida é o maior espetáculo no teatro da existência.

Que o "Mestre Inesquecível" lhe ensine que os fracos julgam e desistem, enquanto os fortes compreendem e têm esperança.

Não somos perfeitos. Decepções, frustrações e perdas sempre acontecerão.

Mas Deus é o artesão do espírito e da alma humana. Não tenha medo.

Depois da mais longa noite surgirá o mais belo amanhecer. Espere-o.

# O MESTRE
# DO AMOR

ANÁLISE DA INTELIGÊNCIA DE CRISTO - 4

# AUGUSTO CURY

## O MESTRE DO AMOR

JESUS, O MAIOR EXEMPLO DE SABEDORIA, PERSEVERANÇA E COMPAIXÃO

Copyright © 2006 por Augusto Jorge Cury
Todos os direitos reservados.

*edição:* Regina da Veiga Pereira
*revisão:* Jean Marcel Montassier, José Tedin Pinto,
Sérgio Bellinello Soares e Tereza da Rocha
*projeto gráfico:* DTPhoenix Editorial
*diagramação:* Gustavo Cardozo
*capa:* Filipa Pinto
*imagem de capa:* Yulia Gust/ Shutterstock
*impressão e acabamento:* Cromosete Gráfica e Editora Ltda.

CIP-BRASIL. CATALOGAÇÃO NA PUBLICAÇÃO
SINDICATO NACIONAL DOS EDITORES DE LIVROS, RJ

C988m   Cury, Augusto, 1958-
　　　　O mestre do amor / Augusto Cury. Rio de Janeiro: Sextante, 2020.
　　　　176 p.; 14 x 21 cm. (Análise da inteligência de Cristo; 4)

　　　　ISBN 978-65-5564-050-2

　　　　1. Emoções. 2. Jesus Cristo - Personalidade e missão. 2. Jesus Cristo - Ensinamentos. 4. Psicologia e filosofia. I. Título. II. Série.

20-65444　　　　　　　　　　　　　　　　　　　CDD: 152.4
　　　　　　　　　　　　　　　　　　　　　　　CDU: 159.942

Todos os direitos reservados por
GMT Editores Ltda.
Rua Voluntários da Pátria, 45 – Gr. 1.404 – Botafogo
22270-000 – Rio de Janeiro – RJ
Tel.: (21) 2538-4100 – Fax: (21) 2286-9244
E-mail: atendimento@sextante.com.br
www.sextante.com.br

*Jamais alguém tão grande se fez tão pequeno para nos ensinar as mais importantes lições de vida.*

# Sumário

*Prefácio* 11

*Capítulo 1*
Dois tipos de sabedoria 15

*Capítulo 2*
Um príncipe no caos: por que Jesus foi um carpinteiro? 29

*Capítulo 3*
Uma humanidade inigualável 49

*Capítulo 4*
A comovente trajetória em direção ao Calvário 58

*Capítulo 5*
Os preparativos para a crucificação 70

*Capítulo 6*
A 1ª hora: cuidando de seu Pai e perdoando homens indesculpáveis 89

*Capítulo 7*
A 2ª hora: debochado publicamente   *109*

*Capítulo 8*
A 3ª hora: cuidando de um criminoso e
vivendo o maior dos sonhos   *113*

*Capítulo 9*
Continuação da 3ª hora: cuidando
carinhosamente de sua mãe   *120*

*Capítulo 10*
Da 4ª à 6ª hora: abandonado por Deus   *129*

*Capítulo 11*
Consumando seu plano. O cérebro e a alma   *143*

*Capítulo 12*
Morreu na cruz, mas permaneceu vivo
no coração dos seres humanos   *156*

*Apêndice*
A destruição de Jerusalém em 70 d.C.   *162*

# Prefácio

Nunca um homem foi capaz de abalar tanto os alicerces mais sólidos das ciências e das instituições humanas como Jesus Cristo. Seus discursos chocam os conceitos fundamentais da medicina, da psiquiatria, da física e da sociologia.

O pai da medicina, Hipócrates, viveu séculos antes de Cristo. A medicina é uma ciência fantástica que sempre usufruiu dos conhecimentos de outras ciências objetivando produzir técnicas para aliviar a dor e retardar o fenômeno da morte. A medicina pode fazer muito para quem está vivo, mas nada para quem está definitivamente morto. Jesus perturbou os pressupostos da medicina ao discorrer sobre a superação do caos da morte e a janela da eternidade.

O mesmo também se pode dizer em relação à psiquiatria. A psiquiatria é uma ciência poética. Ela trata da alma, que é bela e real, mas intangível e invisível. Ela objetiva corrigir as rotas do mundo das ideias e a aridez da personalidade humana.

Nenhuma espécie é tão complexa quanto a nossa, e nenhuma sofre tanto como ela. Milhões de jovens e adultos são vítimas de depressão, ansiedade, estresse. A tecnologia do lazer nunca foi tão grande e as pessoas nunca estiveram tão tristes e com tanta dificuldade de navegar nas águas da emoção.

Os medicamentos antidepressivos e os tranquilizantes são excelentes armas terapêuticas, mas não têm capacidade de conduzir o ser humano a gerenciar seus pensamentos e emoções. A psiquiatria trata dos seres doentes, mas não sabe como torná-los felizes, seguros, sábios, serenos.

Jesus Cristo falou sobre algo com que a psiquiatria sonha mas não alcança. Convidou as pessoas a beberem de sua felicidade, tranquilidade e sabedoria. Quem tem coragem de fazer esse convite aos íntimos? As pessoas mais tranquilas perdem o controle nos momentos de maior tensão.

As palavras e gestos de Jesus Cristo são capazes de chocar também a sociologia. No auge da fama, ele curvou-se diante de simples galileus e lavou seus pés, invertendo os papéis sociais: o maior deve ser aquele que serve e honra os menores. Seus gestos foram registrados nas matrizes da memória dos seus incultos discípulos, levando-os a aprender lições que reis, políticos e poderosos não aprenderam.

Jesus Cristo ainda fez gestos que abalam os alicerces da física, da química e das ciências políticas. A educação também não passou incólume por esse grande mestre. Sua psicopedagogia não apenas é atual, mas revolucionária. Ele transformou pessoas ignorantes, ansiosas e intolerantes na mais fina estirpe de pensadores.

Quem é esse homem que foi desconsiderado pela ciência mas abalou seus alicerces?

Neste livro, estudaremos suas últimas horas de vida. Ele está morrendo pregado numa cruz. Era de se esperar que dessa vez ele não brilhasse em sua inteligência, que gritasse desesperadamente, fosse consumido pelo medo, derrotado pela ansiedade e reagisse por instinto, como qualquer miserável às portas da morte. Mas, ferido, Jesus Cristo foi mais surpreendente ainda. Seus comportamentos tornaram a abalar a psicologia.

O homem Jesus fez poesia no caos. Você consegue fazer poesia quando a dor constrange sua alma? Às vezes, nem quando estamos atravessando terrenos tranquilos produzimos ideias poéticas.

A crucificação de Jesus Cristo talvez seja o evento mais conhecido da população mundial. Mas é o menos compreendido, apesar de ser o mais importante da história. Bilhões de pessoas sabem como ele morreu, mas não têm ideia dos fenômenos complexos que estavam presentes no palco da cruz e, principalmente, atrás da cortina do cenário. Estudar seus últimos momentos abrirá as janelas de nossa mente para não apenas compreendermos melhor o mais misterioso dos homens, mas também quem somos. Afinal, qual de nós pode explicar a vida que pulsa em nosso ser?

Embora este livro seja um estudo de filosofia e psicologia, o leitor encontrará, também, referências a trechos do Antigo e do Novo Testamento, com indicação do autor, do capítulo e versículo em que se encontram. Sugiro que, independentemente de sua crença, você tenha uma Bíblia ao alcance da mão. A leitura destes textos, no quadro mais amplo em que se apresentam, promoverá um conhecimento maior dessa figura única e fascinante que, com suas palavras, gestos e atitudes, revolucionou o mundo e o espírito humano.

*Augusto Cury*

# CAPÍTULO I

# Dois tipos de sabedoria

Há dois tipos de sabedoria: a inferior e a superior. A sabedoria inferior é medida por quanto uma pessoa sabe, e a superior, pela consciência que ela tem do que não sabe. Os verdadeiros sábios são os mais convictos da sua ignorância. Desconfiem das pessoas autossuficientes. A arrogância é um atentado contra a lucidez e a inteligência.

A sabedoria superior tolera, a inferior julga; a superior compreende, a inferior culpa; a superior perdoa, a inferior condena. A sabedoria inferior é cheia de diplomas, na superior ninguém se gradua, não há mestres nem doutores, todos são eternos aprendizes. Que tipo de sabedoria controla sua vida?

Apesar de falarmos muito sobre Deus e sobre a vida, sabemos muito pouco sobre a vida, sobre o Autor da vida e sobre o mais enigmático dos homens, Jesus Cristo (*Mateus 1:18*). Frequentemente me pergunto: quem é Deus? Por que Ele se esconde atrás do véu da sua criação e não se mostra sem segredos? É possível discorrer com segurança sobre o Arquiteto da criação?

Deus fez da espécie humana sua obra-prima e a revestiu de inteligência. Os seres humanos O procuram desde os primórdios da existência. Seus descendentes construíram milhares de religiões para tentar entendê-Lo, escreveram milhões de livros, mas Deus continua sendo um grande mistério. Para resolver nossas dúvidas, veio à Terra um homem chamado Jesus. Mas ele teve comportamentos que contrariam a nossa lógica.

Por que Jesus morreu em condições desumanas? Por que, quando estava livre, fez milagres impressionantes, mas, ao ser preso, nada fez para aliviar sua dor? Por que ele defendeu seus carrascos na cruz e não reagiu com violência e irracionalidade?

Antes de falarmos especificamente sobre a crucificação, usaremos os três primeiros capítulos para analisar algumas áreas fundamentais da personalidade de Cristo. Caso contrário, não compreenderemos o homem que no ápice da dor teve reações capazes de tirar o fôlego de qualquer pesquisador lúcido da psicologia, da psiquiatria e da filosofia.

Muitos teólogos acham que conhecem o Mestre dos Mestres. Este livro talvez seja a prova de que todos nós sabemos muito pouco sobre o personagem mais famoso da Terra.

## Uma procura incansável sobre nossas origens

Sabemos muito pouco também sobre nós mesmos. Quem somos? Como produzimos pensamentos e construímos nossa consciência? Você já percebeu que cada um de nós é um ser único no teatro da vida? Que você é um ser único?

A vida humana é brevíssima. Vivemos num pequeno parêntese do tempo. Os políticos estão nos congressos; os professores, nas salas de aula; os médicos, nos consultórios; as mães, com seus filhos; os trabalhadores, nas empresas, e tudo parece comum e normal. Entretanto, muitos não se dão conta de que a vida humana, com todos os seus eventos, é apenas uma fagulha no tempo, que rapidamente cintila e logo se apaga.

Bastam dois instantes se encontrarem, o da infância e o da velhice, para nos tornarmos apenas uma página na história. Você tem consciência da brevidade da vida? Esta consciência o estimula a buscar a sabedoria superior?

## Apaixonado pela espécie humana

Se você compreender algo sobre a complexidade dos fenômenos que se encenam no palco de nossa mente e que constroem as ideias, descobrirá que não existem árabes ou judeus, americanos ou alemães, negros ou brancos. Somos todos uma única e apaixonante espécie.

O Mestre da Vida, Jesus Cristo, era profundamente apaixonado pela espécie humana (*Mateus 4:24*). Dava uma atenção especial a cada pessoa indistintamente. Por onde transitava, seu objetivo era abrir os portais da mente de quem encontrava e aumentar sua compreensão sobre a vida. Não era uma tarefa fácil, pois as pessoas viviam engessadas dentro de si mesmas, tal como hoje muitas continuam travadas na arte de pensar.

Temos a impressão de que algumas pessoas são imutáveis. Elas repetem os mesmos erros frequentemente, dão sempre as mesmas respostas para os mesmos problemas, não conseguem duvidar de suas verdades nem estar abertas para novas possibilidades de pensar. São vítimas, e não autoras da própria história. Você procura ser autor de sua história ou é vítima dos seus problemas?

Jesus desejava que o ser humano fosse autor da própria vida, capaz de exercer com consciência seu direito de decidir. Por isso, convidava as pessoas a segui-lo. Ao contrário dele, pressionamos nossos filhos, alunos, funcionários e clientes a seguir nossas ideias e preferências.

O Mestre do Amor tinha muito para ensinar a cada pessoa, mas nunca as pressionava para que estivessem aos seus pés ouvindo-o. O amor, e não o temor, era o perfume que esse fascinante mestre exalava para atrair as criaturas e fazê-las verdadeiramente livres (*Mateus 19:2*).

## *O espetáculo da vida*

O mundo carece de pensadores. As sociedades precisam de pessoas que possuam ideias inovadoras capazes de contribuir para enriquecer nossas inteligências e mudar as rotas de nossas vidas.

Raramente um político, um intelectual ou um artista tem ideias novas e brilhantes. Não há emoção em suas palavras. É difícil encontrarmos homens e mulheres famosos que nos encantem com sua inteligência.

Estamos tão atarefados em comprar, vender, possuir, fazer, que perdemos a sensibilidade para nos espantarmos com o espetáculo da vida e com os segredos que a cercam. Você já parou para pensar que a vida que pulsa em você é fonte insondável de enigmas? Já ouviu alguém fazer uma simples indagação filosófica como "Que mistério é estar vivo e mergulhado no tempo e no espaço!"? Quem deixa de perguntar sobre os fenômenos da existência destrói sua capacidade de aprender.

As crianças de hoje detêm mais informações do que um idoso do passado. Muitos adultos estão abarrotados de informações, mas dificilmente sabem organizá-las. Saber muito mas pensar pouco não leva a lugar algum. Muitos têm uma mente com centímetros de profundidade e quilômetros de extensão.

Mas se você, como eu, está aborrecido com a carência de pensadores numa sociedade em que as escolas se multiplicam, por certo irá consolar-se com a leitura deste livro. Estudaremos um personagem real que não apenas surpreendia as pessoas como as deixava assombradas com seus pensamentos (*Mateus 7:28*).

Ao longo de mais de 20 anos venho estudando o funcionamento da mente. Nesse período produzi, como alguns sabem, uma nova teoria sobre a construção da inteligência chamada de

"Inteligência Multifocal". Escrevi mais de três mil páginas sobre o fantástico mundo das ideias e das emoções. Pode parecer que escrevi muito, mas é pouquíssimo diante dos segredos que nos distinguem como seres pensantes.

Sem querer me vangloriar, gostaria de relatar que pesquisei alguns fenômenos que os pensadores da psicologia, como Freud, Jung, Rogers, Erich Fromm, Viktor Frankl, Piaget, não tiveram a oportunidade de estudar. São fenômenos relacionados aos papéis da memória, à construção das cadeias de pensamentos e à formação da complexa consciência humana.

Meus estudos me ajudaram a analisar, ainda que com limites, algumas áreas da mente insondável de Cristo: como ele gerenciava seus pensamentos, protegia sua emoção, superava seus focos de tensão, abria as janelas da sua mente e dava respostas admiráveis em situações angustiantes. Estudar o funcionamento da mente humana e analisar a inteligência do Mestre dos Mestres ampliou meus horizontes para enxergar o espetáculo da vida. Você consegue enxergar o mundo deslumbrante da inteligência humana?

Muitos não conseguem compreender que as pessoas ao seu redor são mais complexas do que os buracos negros no céu. Cada vez que você produz uma reação ansiosa, vivencia um momento de insegurança ou constrói um pequeno pensamento, provoca um fenômeno mais complexo do que a ação do sol.

Mesmo as crianças com deficiência mental são tão complexas no funcionamento da mente quanto os intelectuais, pois possuem intactos os fenômenos que constroem as cadeias de pensamentos. A diferença está apenas na reserva de memória que alimenta esses fenômenos. Se houvesse possibilidade de se produzir uma memória auxiliar, elas seriam intelectualmente normais.

Poucos conseguem perceber o privilégio de ser uma pessoa, pois não conseguem olhar para além da vitrine de seus problemas e dificuldades.

## Jesus, um excelente utilizador da arte da dúvida

Independentemente de Jesus ser o filho de Deus, ele foi o mais humano dos homens. Foi um homem até a última gota de sangue, até a última batida de seu coração. Jesus amava ser um homem e lutava para que as pessoas percebessem o valor incondicional da vida. Para isso, procurava desobstruir a inteligência delas. Que ferramenta ele usava? (*Mateus 16:13*)

Muitos pensam que Jesus só discorria sobre a fé, mas ele utilizava uma das ferramentas mais capazes de abrir as janelas da mente humana: a arte da dúvida. Ao longo da minha trajetória como pesquisador, percebi que a arte da dúvida é uma ferramenta fundamental para expandir o leque do pensamento. A morte de um cientista ocorre quando ele deixa de duvidar do seu conhecimento.

Duvidar das próprias convicções pode fortalecê-las se elas tiverem fundamento, ou pode abrir novas possibilidades do pensamento se elas forem frágeis e superficiais. Quem sabe utilizar a arte da dúvida vai ao encontro da sabedoria superior e por isso sempre considera o próprio conhecimento como uma pequena gota num oceano.

Os jovens de hoje são frequentemente arrogantes e autoritários. O mundo tem de girar em torno das suas verdades e necessidades. Por estarem abarrotados de informações, acham que entendem de tudo. Raramente uma pessoa mais velha consegue mudar as rotas do que pensam e sentem. Por quê? Porque não aprenderam a duvidar de si mesmos, a questionar as próprias opiniões nem a se colocar no lugar dos outros.

Onde estão as pessoas autoritárias e arrogantes? Em todos os ambientes, até nos que deveriam ser menos suspeitos, como as universidades e as instituições religiosas. De certa forma, o autoritarismo se encontra no inconsciente de todos nós.

Há pouco tempo atendi um excelente advogado. Ele chorava muito porque estava deprimido e ansioso. Aparentemente era humilde e simples, mas por trás de sua humildade havia uma pessoa autossuficiente e quase impenetrável.

Ele manipulava seus psiquiatras, dirigia seu tratamento, ficava prevendo efeitos colaterais dos medicamentos que tomava. Consequentemente, sua melhora era flutuante, avançava e regredia, pois ele não aprendera a gerenciar seus pensamentos nem a ser o autor da própria história. Felizmente, agora começa a tomar consciência de suas reações autoritárias e a reescrever os principais capítulos de sua vida.

Uma das principais características de uma pessoa autoritária é impor, e não expor, o que pensa. Quais são algumas das características principais de uma pessoa autoritária? Dificuldade de reconhecer erros e de aceitar críticas, defesa radical e prolixa das próprias ideias, dificuldade de se colocar no lugar dos outros. Cuidado! Se você reconhece que tem algumas dessas características, empenhe-se em mudar. Elas não são saudáveis e conspiram contra a tranquilidade e o prazer de viver. Procure relaxar e ser flexível.

Jesus foi a pessoa mais flexível e aberta que analisei. Seus opositores o ofenderam das formas mais cruéis, e ele não revidou. Era uma pessoa de convicções sólidas, mas nunca impunha o que pensava. Sabia respeitar os outros, não pedia conta dos seus erros nem os expunha publicamente. Algumas pessoas, com sua sensibilidade, conseguiram fazê-lo mudar de ideia e ele se alegrou com elas e até as elogiou, como no caso da mulher siro-fenícia (*Marcos 7:27,28*).

Foi um excelente mestre no uso da arte da dúvida. Como a usava? Através de perguntas e das suas instigantes parábolas (*Mateus 13:10*). Mas a dúvida não atenta contra a fé? Primeiro, Jesus usava a arte da dúvida para remover os preconceitos, depois falava sobre a fé. Inteligente como era, discorria sobre uma fé inteligente.

Todas as nossas crenças nos controlam. Usando a ferramenta da dúvida, o mestre libertava as pessoas da ditadura do preconceito para depois falar do seu plano transcendental.

## Os três estágios da dúvida

A dúvida tem três estágios: ausência da dúvida, presença inteligente da dúvida, presença excessiva da dúvida.

A ausência da dúvida gera psicopatas. Quem nunca duvida de si, quem se acha infalível e perfeito nunca terá compaixão pelos outros.

A dúvida inteligente abre as janelas da inteligência e estimula a criatividade e a produção de novas respostas.

A presença excessiva da dúvida leva a retrair a inteligência e causa extrema insegurança. As pessoas se tornam excessivamente tímidas e autopunitivas.

A dúvida inteligente esvazia o orgulho. As parábolas que Jesus contava tinham por objetivo estimular o espírito das pessoas e romper seu cárcere intelectual, levando-as a confrontar-se com seu orgulho e rigidez. Ele respondia a perguntas com outras perguntas, e suas respostas sempre abriam os horizontes dos pensamentos. Era um grande mestre da educação, pois seus discursos formavam, e não informavam.

Alguns têm títulos de doutores, mas são meros reprodutores de conhecimento que repetem o que estudaram e o que os outros produziram. Precisamos de poetas da vida, de engenheiros de novas ideias. Precisamos surpreender as pessoas e ajudá-las a mudar os alicerces de sua história.

Quem andava com Jesus Cristo quebrava constantemente os próprios paradigmas. Não havia rotina. Seus gestos e comportamentos surpreendiam de tal modo seus discípulos, que, pouco a pouco, foram lapidando suas personalidades. Você surpreende as pessoas e incentiva o ânimo delas, ou as bloqueia?

*Um engenheiro de ideias, uma história que deu certo*

Lembro-me de um paciente que tinha um excelente nível intelectual, porém era tenso e tinha graves problemas de relacionamento com uma de suas filhas. Pai e filha se atritavam continuamente. Durante o processo terapêutico, eu lhe disse que se quisesse mudar a natureza da relação com a filha tinha de reescrever a imagem doentia que o relacionamento dos dois construíra nos territórios inconscientes da memória de ambos.

O desafio era reeditar essa imagem, já que é impossível deletá-la. E para que sua filha reeditasse a imagem doentia que tinha do pai, ele teria de surpreendê-la com gestos inusitados, incomuns. Ele entendeu os papéis da memória e estabeleceu como meta mudar essa história. Sem meta, não mudamos o roteiro de nossas vidas.

Certo dia, meu paciente pediu à filha que comprasse um buquê de flores para presentear a esposa de um amigo que fazia aniversário. Ela, mais uma vez, recusou-se a atender seu pedido, dizendo-lhe que não tinha tempo.

Essa recusa deveria detonar nele um fenômeno inconsciente,* chamado "gatilho da memória", que abriria uma janela contendo uma imagem doentia da filha e levando-o a agredi-la com palavras. O pai repetiria mais uma vez que a sustentava, que pagava a sua faculdade, a gasolina do seu carro e que ela não reconhecia seu valor. Ambos sairiam, como sempre, magoados.

Mas, dessa vez, ele mudou de atitude. Tinha aprendido a administrar seus pensamentos e a controlar as janelas da memória. Ficou em silêncio e saiu. Foi à floricultura, comprou o buquê de flores. E sabe o que mais ele fez? Escolheu o botão de rosa mais bonito para dar à filha.

Chegando em casa, entregou-lhe a rosa, dizendo que a amava muito. Acrescentou o quanto a filha era importante para ele

---

* Cury, Augusto J. *Inteligência multifocal*. Editora Cultrix: São Paulo, 1998.

e que não podia viver sem ela. Atônita com a atitude do pai, a jovem chorou, porque acabara de descobrir alguém que não conhecia. A mudança de comportamento do meu cliente persistiu e foi fazendo com que, sem que a filha se desse conta, a imagem autoritária e rígida do pai começasse a ser reeditada nos arquivos inconscientes da sua memória. Passou a respeitá-lo, amá-lo, ouvi-lo, percebendo que, embora não soubesse se expressar, ele queria o melhor para ela. O pai, por sua vez, começou a reescrever a imagem da filha, encantando-se com suas qualidades.

Não é difícil imaginar o que aconteceu. Eles deixaram de ser dois estranhos. Começaram a dividir seus mundos e a cruzar suas histórias. Antes, respiravam o mesmo ar mas estavam em universos diferentes, muito distantes um do outro.

Hoje são grandes amigos e se amam calorosamente. A mudança foi tão notável, que ele me pediu para escrever sobre os papéis da memória em um próximo livro, para que outros pais e filhos tivessem a mesma oportunidade de mudar seus relacionamentos. Em sua homenagem, relatei a história. Esse homem se tornou um engenheiro de ideias.

Algumas pesquisas que fiz me levaram a concluir que mais de 80% dos pais e filhos vivem como estranhos. Você consegue surpreender com seus gestos as pessoas com quem convive, ou é uma pessoa imutável? Se você não as surpreender, nunca irá conquistá-las.

Avalie se você não é uma pessoa difícil. Às vezes somos bons produtos com péssima embalagem e vendemos mal nossa imagem. Fale com o coração. Conquiste as pessoas difíceis. Faça coisas que nunca fez por elas. Seja um engenheiro de ideias. Cause impacto na emoção e na memória dos mais próximos. Você ficará impressionado com o resultado.

Os engenheiros de ideias estão escasseando não apenas no campo das relações interpessoais, mas também no da psicologia, da sociologia, da filosofia e no das ciências físicas e matemáticas.

## *O mais extraordinário engenheiro de ideias*

Jesus construía relações sociais riquíssimas, mesmo em pouco tempo. As pessoas que conviviam com ele o amavam intensamente. Multidões despertavam antes do nascer do sol para ouvi-lo.

O evangelista João nos conta no capítulo 4 a história da samaritana. Era uma mulher promíscua e socialmente rejeitada. Mas o Mestre do Amor não lhe pediu explicações sobre os homens com quem ela tinha andado. Disse apenas que ela estava sedenta, ansiosa, e precisava beber de uma água que jamais experimentara, uma água que saciaria sua sede para sempre. Todo o diálogo de Jesus com a samaritana deixou-a tão encantada, que ela saiu pela cidade falando a todos sobre ele, embora mal o conhecesse. Que homem é esse que com poucas palavras deixa maravilhados seus ouvintes? As pessoas querem enquadrar o homem Jesus, mas isso é impossível. Independentemente de sua divindade, ele foi um homem deslumbrante.

## *A educação está morrendo*

A educação está em processo de falência no mundo todo. Educar tem sido uma tarefa desgastante e pouco eficiente. Não por culpa dos educadores nem pela falta de limites dos jovens e crianças, mas por um problema mais grave que vem ocorrendo nos bastidores da mente humana e que os cientistas sociais e os pesquisadores da psicologia não estão compreendendo.

O ritmo de construção do pensamento no mundo moderno acelerou-se doentiamente, gerando a síndrome do pensamento acelerado, ou SPA.* Estudaremos esta síndrome mais adiante.

Os jovens estão desenvolvendo coletivamente a SPA. Essa sín-

---

* Cury, Augusto J. *Treinando a emoção para ser feliz*. São Paulo: Academia de Inteligência, 2001.

drome faz com que eles procurem ansiosamente novos estímulos para excitar suas emoções e, quando não os encontram, fiquem agitados e inquietos. As salas de aula tornaram-se um canteiro de tédio e estresse em que os alunos não se concentram e têm pouco interesse em aprender.

Os professores são como cozinheiros que elaboram alimentos para uma plateia sem apetite. Os conflitos em salas de aula estão fazendo os professores adoecerem coletivamente no mundo todo.

No Brasil, de acordo com uma pesquisa realizada pela Academia de Inteligência – o instituto que dirijo –, 92% dos educadores estão com três ou mais sintomas de estresse e 41% com dez ou mais, dos quais se destacam: cefaleia, dores musculares, excesso de sono, irritabilidade. Eles só conseguem trabalhar prejudicando intensamente sua qualidade de vida.

## A escola desconsiderou o maior educador do mundo

A educação incorporou muitas teorias, mas não levou em consideração o maior educador do mundo. Se as escolas estudassem e usassem – sem qualquer vínculo religioso – a psicopedagogia e os princípios da inteligência do Mestre dos Mestres, certamente ocorreria uma revolução em sala de aula.

O que é educar? Educar é produzir um ser humano feliz e sábio. Educar é produzir pessoas que amam o espetáculo da vida. Desse amor emana a fonte da inteligência. Educar é produzir uma sinfonia em que rimam dois mundos: o das ideias e o das emoções.

Se as escolas conhecessem os procedimentos educacionais que Jesus aplicou não apenas formariam pessoas saudáveis, mas investiriam na qualidade de vida de seus professores.

Apesar de os educadores serem os profissionais mais nobres da sociedade, poucos os valorizam. Os psiquiatras tratam de pessoas doentes, e os juízes julgam os réus. E os professores?

Eles educam os indivíduos para que não tenham transtorno psíquico nem se sentem nos bancos dos réus. Embora desvalorizados, os professores são os alicerces da sociedade. Eles precisam ter subsídios para resolver os conflitos em sala de aula, educar a emoção dos alunos e fazer laboratórios de desenvolvimento da inteligência.*

Jesus fazia laboratórios educacionais do mais alto nível. Fazia laboratório das funções mais importantes da inteligência, laboratório de superação, laboratório de treinamento do caráter, oficina de psicologia preventiva. Quem andava com ele resgatava o sentido da vida e desejava ser eterno. Só deseja ser eterno quem aprendeu a amar a vida, a realçar sua autoestima e a não gravitar em torno de seus sofrimentos. Esta é uma faceta da inteligência espiritual.

Quando o Mestre da Sensibilidade dizia *"Ama o próximo como a ti mesmo"* (*Mateus 22:39*), ele estava fazendo um excelente laboratório de autoestima. Se eu não amar a vida que pulsa em mim, independentemente de meus erros, como vou amar o próximo? Não é possível amar os que o cercam se você não ama a si mesmo. Não espere ser solidário com os outros se você é seu próprio carrasco.

Jesus sabia ensinar homens e mulheres a pensar e a navegar nas águas da emoção. Queria tratar das feridas da alma e cuidar do bem-estar das pessoas. Não estava preocupado com a sua imagem social. Corria todos os riscos por causa de um ser humano.

Será que muitos dos que admiram Jesus são capazes de amar o ser humano desse modo? Você consegue ver que por trás dos belos sorrisos das pessoas que o rodeiam há algumas profundamente feridas, que não sabem como pedir ajuda?

Ficaremos surpresos ao ver que, mesmo quando estava mor-

---

* Zagury, Tânia. *Limites sem traumas*. Rio de Janeiro: Record.

rendo, Jesus perscrutava a emoção das pessoas e se preocupava com elas. O sangue que escorria por seu corpo não era suficiente para fazê-lo deixar de se preocupar com cada ser humano. Suas lesões não conseguiam sufocar seu ânimo. Ele tinha uma capacidade irrefreável de amar e confortar a emoção humana.

Que título podemos dar a Jesus Cristo senão "O Mestre do Amor"?

## CAPÍTULO 2

# Um príncipe no caos: por que Jesus foi um carpinteiro?

*Sua profissão de carpinteiro foi planejada?*

Por que Jesus foi um carpinteiro? Eu me fiz diversas vezes esta pergunta. Por que não foi um agricultor, um pastor de ovelhas ou um mestre da lei? Se tudo na sua vida foi planejado, seria sua profissão um puro acaso do destino? Certamente, não! Será que ele se tornou um carpinteiro apenas porque esta profissão era humilde e despojada de grandes privilégios sociais? (*Mateus 13:55*)

Depois de pensar em tudo o que Jesus viveu, depois de analisar sua história detalhadamente, fiquei impressionado e profundamente comovido com as conclusões a que cheguei. Ele foi um carpinteiro porque iria morrer com as mesmas ferramentas com as quais sempre trabalhara. Quem suportaria trabalhar com as mesmas armas que um dia o destruiriam?

O jovem Jesus trabalhava diariamente com martelo, pregos e madeira. José, seu pai, deve ter alertado diversas vezes o menino para que tivesse cuidado no uso do martelo, pois poderia se ferir. O menino, de acordo com Lucas, escritor do terceiro evangelho, sabia qual era sua missão, o que indica que ele antevia seu destino. Isso explica por que previu claramente a maneira como morreria e a transmitiu aos seus íntimos antes de haver qualquer ameaça no ar (*Marcos 9:31*).

O menino Jesus sabia que um dia seria ferido de maneira violenta com as ferramentas que manipulava. Quando cravava um prego na madeira, provavelmente tinha consciência de que seus pulsos e seus pés seriam pregados numa cruz.

Maria, a mãe tão delicada e observadora, devia pedir ao filho que tomasse cuidado, pois as ferramentas eram pesadas e perigosas. Ao ouvir os conselhos de sua mãe, Jesus talvez dissesse: "Obrigado, mãe, vou procurar ter mais cuidado." O jovem Jesus poupava Maria, pois sabia que ela não suportaria ouvir sobre seu fim.

### Tinha muitos motivos para ter conflitos

Cada vez que o golpe do martelo nos pregos produzia um estalido agudo, Jesus tinha de aprender a proteger sua emoção. Imagine um adolescente tendo de decidir entre brincar e pensar no próprio fim.

Poderia evitar o trabalho com martelos, pregos e madeira. Poderia ter aversão a tudo que lembrasse seu martírio, mas não o fez. As razões para que o jovem Jesus tivesse uma emoção doentia eram inúmeras.

A responsabilidade social, o desejo ardente de agradar seu Pai invisível, a preocupação com o destino da humanidade e a consciência do seu caótico fim eram fontes estressantes capazes de roubar-lhe completamente o encanto pela vida.

O simples fato de trabalhar com as mesmas ferramentas que iriam produzir as mais intensas feridas em seu corpo já era suficiente para criar zonas de tensão em seu inconsciente, controlar completamente sua personalidade e fazer dele um jovem infeliz e um futuro adulto ansioso e inseguro. Mas, contrariando as expectativas, Jesus atingiu o auge da saúde psíquica.

## Um príncipe da paz

Apesar de ter todos os motivos para ser frágil e angustiado, Jesus tornou-se um homem forte e pacífico. Não tinha medo da morte nem da dor. Falava da superação da morte e da eternidade com uma segurança incrível. Era tão seguro, que se expunha em situações de risco e não retinha o que pensava.

Jamais alguém teve a coragem de pronunciar o que ele disse em seus discursos. A morte é o mais antinatural dos fenômenos naturais. Jesus falava sobre a transcendência da morte como se fosse um engenheiro do tempo (*Mateus 24:29*).

É necessário que examinemos alguns papéis da memória e algumas áreas do funcionamento da mente para compreendermos por que o homem Jesus não adoeceu em sua alma, mas se tornou um príncipe da paz em meio ao caos.

Gostaria que agora o leitor abrisse as janelas da sua mente para compreender alguns complexos mecanismos psíquicos em um texto sintético. Vasculhar a mente humana é uma das viagens mais interessantes que podemos fazer. Procurarei explicar isso de forma acessível.

## Os papéis da memória na geração dos conflitos

A memória é como uma grande cidade. Nela há inúmeros bairros que se interligam. Ela tem uma parte central, que chamo de MUC (memória de uso contínuo), e uma grande parte periférica que chamo de ME (memória existencial).

O registro na memória é produzido pelo fenômeno RAM (registro automático da memória). O fenômeno RAM registra de forma automática todas as nossas experiências e de maneira privilegiada as que possuem grande intensidade emocional, como uma ofensa ou um elogio.

Todas as experiências negativas que contêm medo, insegurança, humilhação e rejeição geram imediatamente uma zona de tensão na emoção. Se essas zonas de tensão não forem trabalhadas rapidamente, serão registradas na memória. Desse modo, ficarão disponíveis, e poderemos produzir uma infinidade de pensamentos obsessivos sobre elas.

Quando alguém o ofende, você deve rapidamente debelar a zona de tensão da emoção. Para isso, em menos de cinco segundos você deve criticá-la, confrontá-la e reciclá-la. Como? Tomando consciência dela e usando ideias diretas e inteligentes que a critiquem, confrontem e reciclem. Faça isso silenciosamente no interior de sua mente. Se você não atuar logo, essa tensão emocional será registrada privilegiadamente na memória de uso contínuo (MUC), gerando um arquivo ou zona de tensão doentia na memória. É por isso que você voltará a pensar milhares de vezes na ofensa e na pessoa que o ofendeu. Não é assim que acontece quando alguém nos agride?

Toda vez que pensamos fixamente em um problema malresolvido, mais ele se registra e cada vez mais expande a zona de tensão nos arquivos da sua memória. Aos poucos, formamos inúmeras favelas na grande cidade da memória. Ficamos ansiosos, perdemos a concentração e até o sono. Quando não controlamos as ideias fixas que produzimos, nos tornamos especialistas em causar danos a nós mesmos.

Com o passar dos dias ou meses, talvez não nos lembremos dos problemas que tivemos, mas eles não foram embora. Para onde foram? Deixaram os terrenos conscientes da memória de uso contínuo (MUC) e foram para os terrenos inconscientes da memória existencial (ME). Ou seja, deixaram o centro da memória e foram para a periferia. Quando voltarmos a viver uma situação mais tensa ou dolorosa, entraremos na região periférica onde eles se encontram e poderemos ser novamente afetados por eles.

Quando você sente aquela angústia, tristeza ou desânimo e não sabe de onde veio nem por que apareceu, as causas estão nas zonas de tensão na periferia da memória. Você não se recorda delas, mas elas fazem parte do tecido da sua história de vida.

Diversas perdas, ofensas, fracassos, momentos de medo e insegurança de nosso passado estão armazenados como "favelas" na grande cidade da memória. Algumas dessas favelas se encontram no centro da memória e nos perturbam diariamente. É o caso da perda de um emprego, de um problema que não conseguimos resolver, ou de uma doença obsessiva acompanhada de ideias fixas. Outras estão na periferia e nos incomodam eventualmente, como experiências traumáticas do passado.

A MUC representa a memória de mais livre acesso, a que mais utilizamos no dia a dia para pensar, sentir, decidir, reagir e nos conscientizar – é a memória consciente. A memória ME é a que contém os segredos da nossa história – fica nos principais terrenos do inconsciente. Quem estudar e compreender esses mecanismos terá grande vantagem para superar as turbulências da vida e equipar a própria inteligência.

## A memória despoluída do jovem Jesus

Jesus poderia ter tido tanto a memória de uso contínuo (MUC) como a memória existencial (ME) saturadas de zonas de tensão. Se ele não fosse uma pessoa com elevada capacidade de gerenciar seus pensamentos e reescrever sua história, teria uma personalidade cheia de conflitos.

Se não possuísse uma habilidade ímpar para debelar as zonas de tensão da emoção, ele poderia ter sido controlado pelo medo e seria uma pessoa extremamente ansiosa e traumatizada. Entretanto, medo não fazia parte do dicionário de sua vida. Além disso, Jesus era manso e dócil. O mundo podia desabar sobre sua cabeça e, ainda assim, ele permanecia sereno.

Certa vez, seus inimigos quiseram destruí-lo e ele simplesmente passou por eles (*João 10:39*). Em outro momento, os discípulos, que sabiam lidar com o mar, estavam apavorados por causa de uma tempestade. O que fazia Jesus nessa hora? Estava dormindo! O Mestre da Vida conseguia dormir tranquilamente num barco prestes a ir a pique (*Mateus 8:24*).

Há pessoas que ficam bloqueadas intelectualmente depois de sofrerem uma experiência traumática, como um acidente, uma perda de emprego, uma humilhação pública, uma separação. As zonas de tensão da emoção se tornam grandes zonas de tensão da memória.

É possível apagar ou deletar a memória? Não! A memória só pode ser reescrita ou reeditada, mas nunca apagada, a não ser que surja um tumor cerebral, uma doença degenerativa, um traumatismo craniano. Portanto, depois de registradas as zonas de tensão, a única coisa a ser feita é reescrever a memória com coragem e determinação.

Jesus evitava o registro doentio em sua memória, escolhia o caminho mais inteligente. É muito mais fácil não criar inimigos do que reescrevê-los nos labirintos de nossas memórias.

## Não há regressão pura ao passado

Quais são as zonas da memória que controlam você? Em que andar do "grande edifício" do seu passado o seu elevador ficou parado? Precisamos ir até esse andar. Entretanto, temos de saber que não há regressão pura ao passado. Quem resgata o passado é a pessoa que você é agora, com uma consciência de si mesma e do mundo diferente da que tinha quando o fato aconteceu e foi registrado.

Portanto, quando você "toma o elevador" e volta ao passado, retorna com a consciência do presente e provavelmente com melhores condições para reinterpretar as experiências antigas e reescrevê-las. Se a reinterpretação for bem feita, você reedita o passado e transforma as zonas de tensão. Assim, você deixa de ser vítima de sua história.

Uma boa técnica para reescrever a memória é atuar nas janelas que se abrem espontaneamente no dia a dia. Da próxima vez que por causa de um acontecimento você ficar tenso, irritado, intransigente, frustrado, faça o que chamo de "stop introspectivo": pare e pense. Não se julgue nem se culpe. Aproveite o momento. Saiba que, com o estímulo externo, você abriu algumas janelas doentias e agora terá uma excelente oportunidade para reeditá-las. Assim, pouco a pouco, você estará livre para pensar e sentir.

Não há liberdade, mesmo nas sociedades democráticas, se não formos livres dentro de nós mesmos. O grande paradoxo das sociedades politicamente democráticas é que o ser humano, apesar de ser livre para expressar seus pensamentos, frequentemente vive num cárcere intelectual. Livre por fora, mas prisioneiro por dentro.

## *Uma memória como um jardim*

Há dois tipos de educação: a que informa e a que forma.

A educação que informa nos ensina a conhecer o mundo em que estamos. A educação que forma vai além: ela nos ensina também a conhecer o mundo que somos. A educação que informa nos ensina a resolver problemas de matemática; a educação que forma vai além: ensina também a resolver os problemas da vida. A que informa ensina línguas, a que forma ensina a dialogar. A que informa dá diplomas, a que forma faz de nós eternos aprendizes.

A educação que forma ensina os alunos a desenvolver as funções mais importantes da inteligência e a lidar com suas angústias, seus limites, seus conflitos existenciais.

A educação que forma faz uma ponte entre a escola convencional e a escola da vida. Os adolescentes de hoje estão totalmente despreparados para sofrer perdas e frustrações, o que não é de espantar, pois a educação convencional despreza a educação da emoção. Como esperar que naveguem nas águas da emoção se nunca lhes ensinaram a fazer isso?

O adolescente Jesus já possuía uma refinada capacidade de proteger sua emoção contra os focos de tensão. Toda vez que golpeava a madeira com o martelo, não deixava o martelo golpear sua emoção. Se ela era afetada, ele logo reciclava a zona de tensão e não se deixava consumir pelo pavor e pela ansiedade. Desse modo, os territórios de sua memória, que deveriam ser um árido deserto, se tornaram um jardim.

Muitos fizeram de suas vidas um imenso deserto. Não aprenderam a trabalhar seus traumas, suas perdas, suas dores físicas e emocionais. Essas experiências foram fortemente registradas, confeccionando a colcha de retalhos da sua história. O mau humor, a ansiedade, a agressividade reativa e a hipersensibilidade que possuem são reflexos de um passado ferido e não tratado.

Entretanto, de nada adianta ficar lastimando nossas misérias e frustrações. Isso não leva a nada. Por pior que tenha sido seu passado, ainda que você tenha sofrido violências físicas, emocionais ou sexuais, reclamar de suas misérias é a pior forma de superação. Não se transforme numa vítima. Com a consciência que tem hoje, critique seu passado, recicle-o, dê um choque de lucidez na sua emoção e reedite os focos de tensão de sua memória.

Como? Aos que querem maiores detalhes, recomendo algumas técnicas expostas no meu livro *Treinando a emoção para ser feliz.** Uma delas é o DCD (duvidar, criticar e determinar). Duvide da sua incapacidade, duvide do controle que a doença pode exercer sobre você. Critique cada pensamento negativo, critique a passividade e a tendência do eu de fazer-se de vítima. Determine ser alegre, determine ser livre e dê choques de

---

* Cury, Augusto J. *Treinando a emoção para ser feliz*. São Paulo: Academia de Inteligência, 2001.

lucidez na sua emoção. Repita essa técnica dezenas de vezes por dia, no silêncio de sua mente. Você vai se surpreender e se alegrar com os resultados.

O DCD é uma técnica psicoterapêutica de grande valor, mas não substitui a consulta, se for necessário, a um psiquiatra ou psicólogo clínico.

Mas nunca tenha medo das suas misérias. Vá sem receio aos andares do grande edifício da vida com a firme determinação de reeditar o passado em busca de uma vida mais feliz.

Sua memória é um jardim ou um deserto? Não espere que as condições sejam ideais para poder cultivar um jardim no solo de sua emoção. Nas condições mais adversas somos capazes de cultivar as mais belas flores.

Desde a sua mais tenra juventude, o Mestre da Vida aprendeu a cultivar, mesmo sob o sol escaldante das pressões sociais, um jardim de tranquilidade e felicidade no âmago da sua alma. Nas situações mais tensas, os seus íntimos conseguiam sentir o aroma da sua emoção pacífica e serena. Não permitia que nada nem ninguém viesse roubar-lhe a paz.

## Como os ataques de pânico geram as doenças psíquicas

Inúmeras pessoas no mundo todo são vítimas da síndrome do pânico. Os ataques de pânico são caracterizados por medo súbito de desmaiar ou morrer, acompanhado de taquicardia, aumento da frequência respiratória, suor excessivo e outros sintomas. Se as intensas zonas de tensão causadas pelos ataques de pânico não forem bem trabalhadas rapidamente, produzirão dramáticas zonas de tensão na memória.

Como já vimos, essas zonas de tensão ficam disponíveis em região privilegiada da memória. Quando um novo ataque de pânico é disparado, abre-se uma janela, expõe-se a zona de tensão nela contida e reproduz-se novamente a sensação de fobia ou de medo. Essa experiência também é registrada, expandindo as "favelas" doentias do inconsciente.

A síndrome do pânico gera o teatro virtual da morte. Ela traz um enorme sofrimento capaz de controlar completamente a vida de pessoas lúcidas e inteligentes. Entretanto, não é difícil lidar com essa síndrome. Já tratei de vários pacientes resistentes. O segredo não está em apenas tomar antidepressivos, mas em enfrentar os focos de tensão, desafiar o medo e reeditá-lo.

Uma das características admiráveis de Jesus era que ele enfrentava as situações estressantes sem temor. Não fugia dos seus inimigos, não temia ser questionado, não tinha receio de entrar em conversas delicadas e, muito menos, não teve medo de usar as ferramentas que um dia o destruiriam.

Enfrente seu medo e o desafie. Você verá que o monstro não é tão feio quanto você imagina. Se der as costas ao medo, ele se tornará um gigante imbatível. O medo sempre aumenta o volume e a dimensão dos problemas. Por isso é tão importante, em vez adotar uma atitude passiva, darmos um choque de lucidez em nossas emoções.

## As drogas e o romance no inconsciente

Lembro-me de uma jovem que atendi num hospital psiquiátrico em Paris. Ela era dependente de heroína e estava em tratamento. Ao atendê-la, mostrei-lhe que, à medida que foi ficando dependente, o problema deixou de ser a droga fora dela para tornar-se a imagem da droga registrada em seu inconsciente.*

Enquanto discorria sobre esse assunto, abri uma revista para mostrar-lhe algo e, de repente, ela se deparou com uma imagem de um pó semelhante à droga que usava. Ao ver aquela imagem,

---

* Cury, Augusto J. *A pior prisão do mundo*. São Paulo: Academia de Inteligência, 2000.

o gatilho de sua memória foi detonado e abriu-se uma janela do inconsciente que continha experiências com a heroína. Ela leu instantaneamente essas experiências e associou-as à droga, o que a deixou angustiada. Todo esse processo operou-se em uma fração de segundo.

Assim, ela entendeu que sua maior batalha não era eliminar a droga fora dela, mas terminar o romance dentro dela, reescrever essa imagem em sua memória. Somente reeditando o filme do inconsciente ela poderia romper o cárcere da emoção.

É muito melhor prevenir a criação de registros doentios na MUC e na ME,* pois, uma vez registrados, a tarefa de reeditá-los é complexa e demanda tempo, paciência e perseverança.

A atitude do menino e, posteriormente, do jovem e do adulto Jesus, de proteger a sua emoção e não fazer do seu inconsciente uma lata de lixo, reflete a mais eficiente psicologia preventiva. Infelizmente muitos psicólogos ainda não descobriram esse processo. Jesus era feliz na terra de infelizes, tranquilo na terra da ansiedade. Na cruz, suas reações deixariam pasmo qualquer pesquisador científico. Contudo, as suas reações incomuns eram uma consequência do que ele foi e viveu desde a mais tenra infância.

Ninguém deve desanimar por ter registrado vários conflitos em sua memória. O importante é saber que não há milagre capaz de superar os conflitos de nossa personalidade. É um trabalho que requer dedicação e persistência. Às vezes conseguimos reurbanizar algumas favelas da memória, mas sempre permanecem outras na periferia, e estas nos fazem ter recaídas. Isso é natural, e não podemos desanimar por causa delas. Comemore os avanços e retome o trabalho.

O importante é jamais desistir da vida. Não seja imediatista. Nunca se decepcione com você a ponto de não desejar mais caminhar. Mesmo com lágrimas, é preciso continuar a reescrever

---

* Cury, Augusto J. *Inteligência multifocal*. São Paulo: Cultrix, 1998.

as imagens de tudo o que obstrui nossa inteligência e nos impede de ser livres. Quando menos esperar, você terá despoluído seus rios, iluminado suas ruas, construído praças e será uma pessoa mais feliz.

*Todos estamos doentes no território da emoção*

Não há ninguém nesta terra que não esteja doente no território da emoção. Uns mais, outros menos. Alguns manifestam seus conflitos, outros os reprimem. Mas todos temos, em diferentes graus, dificuldades em administrar nossos pensamentos. Quem consegue gerenciar plenamente seus sentimentos e ser dono de sua emoção?

O maior doente é o que não reconhece a própria fragilidade. Cuidado! Como disse, quando sofremos uma agressão, por exemplo, temos no máximo cinco segundos para criticar em silêncio as zonas de tensão da emoção e não permitir que elas se tornem matrizes doentias na memória. Só assim podemos evitar que gerem ideias fixas.

Não deixe que as ofensas estraguem seu dia. Não permita que os fracassos façam de você uma pessoa tímida e inferiorizada. Não se puna por seus erros. Reconheça as suas falhas, repare os danos que causou e mude suas rotas. Atenção! Sentimento de culpa exagerado paralisa a emoção e nos controla.

Do ponto de vista psicológico, Jesus passou pelo mais dramático e contínuo estado de estresse que um ser humano pode experimentar. Era de se esperar que se tornasse um homem radical e agressivo, mas ele se revelou um ser extremamente amável e cheio de compaixão.

Era provável que Jesus desse pouco valor à vida, mas ele contemplava com prazer as coisas mais simples, como os lírios do campo. Era previsível que fosse um revoltado, um especialista em reclamar e julgar os outros, mas em vez disso surgiu um homem dizendo: *"Felizes os misericordiosos, porque alcançarão misericórdia"* (*Mateus 5:7*). Quem é este que exala gentileza na terra que o estresse tornou árida?

## O canto do galo

Jesus disse que Pedro o negaria três vezes antes que o galo cantasse (*João 13:38*). Foi exatamente o que aconteceu. Pedro era uma pessoa forte e realmente amava seu mestre, mas não se conhecia. Cometemos muitos erros quando não nos conhecemos.

Quem controla o território de leitura da memória é a emoção. Se ela estiver ansiosa e apreensiva, fecham-se as janelas da memória, impedindo a pessoa de pensar com liberdade.

Pessoas com raciocínio brilhante são capazes de passar por vexames simplesmente porque bloquearam sua memória nos momentos de intensa tensão. Muitas vezes em público perdem a segurança e a tranquilidade para produzir ideias profundas. Por quê? Porque a tensão emocional bloqueia os campos da memória.

Pedro jamais pensou que o medo conspiraria contra sua capacidade de pensar. Quando afirmou que, se necessário, morreria com Jesus, estava sendo sincero. Mas quando não conhecemos nossos limites somos capazes de gestos constrangedores. A imagem do mestre sendo espancado sem reagir foi até o córtex cerebral de Pedro, fez uma leitura rapidíssima da memória e gerou um medo súbito que bloqueou sua capacidade de pensar. Quem de nós já não foi vítima desses mecanismos?

Pedro negou veementemente seu mestre. Ao negá-lo pela terceira vez, o galo cantou. Duas experiências foram registradas e se fundiram no seu inconsciente: a negação e o canto do galo. A imagem do galo ficou superdimensionada em sua memória, por ter sido associada ao maior erro de sua vida. Talvez por isso Pedro tenha adquirido um medo exagerado do canto dos galos, por associá-lo ao fato de ter negado seu mestre.

Essa história fala de mecanismos que nós também experimentamos. Que tipo de fobia perturba sua emoção, controla a leitura de sua memória e engessa sua capacidade de pensar?

Jesus sempre foi um excelente psicoteropeuta. Ele sabia que Pedro ficaria traumatizado. Com seu olhar afetuoso, no momento da terceira negação, amenizou a zona de tensão da emoção do seu discípulo. Dias depois, ao perguntar categoricamente e por três vezes se Pedro o amava (*João 21:15*), Jesus, com grande habilidade, ajudou-o a reformular as três vezes em que o discípulo o negou, assunto do próximo livro desta coleção: *O Mestre Inesquecível*.*

Em vez de produzir um homem saturado de conflitos, os inúmeros problemas do Mestre da Vida geraram um excelente médico da alma, um homem emocionalmente saudável.

*Preparando seus íntimos para suportar o inverno emocional*

O dilema entre falar e não falar aos discípulos sobre o modo como morreria envolvia os pensamentos de Jesus Cristo. Se falasse, poderia gerar um transtorno obsessivo em sua mãe e em seus discípulos. Se optasse pelo silêncio, eles ficariam totalmente despreparados para suportar seu drama.

Jesus optou por falar, mas sem alarde, sobre o seu fim. Falou pelo menos quatro vezes. Comentou o suficiente para que os discípulos pudessem ter uma leve consciência do seu caos, mas não sofressem por ele.

Alguns insistem em falar de seus problemas para que todos girem em torno deles. Outros se calam, fazendo de sua história e suas dificuldades segredos de estado. Jesus era equilibrado, falava de forma serena a respeito de coisas com alto volume de tensão.

---

* Cury, Augusto J. *Análise da Inteligência de Cristo – O Mestre Inesquecível*. Sextante, 2006.

O Mestre da Vida trabalhou no inconsciente dos seus discípulos sem que eles percebessem. Fez um trabalho psicológico magnífico. Ele os preparou não apenas para a primavera da ressurreição, mas para o inverno rigoroso da cruz.

Você trabalha no inconsciente dos seus filhos e os prepara para que eles suportem as turbulências da vida? Você trabalha na mente dos seus funcionários e os prepara não apenas para o sucesso, mas também para os tempos de dificuldades?

Um bom líder corrige erros, um excelente líder previne-os. Um bom líder enxerga o que está à sua frente, um excelente líder vê além do que está diante dos seus olhos.

## Um excelente observador da psicologia: um escultor da alma humana

Jesus foi o Mestre dos Mestres da escola da vida, uma escola em que muitos psiquiatras, psicólogos e executivos são pequenos aprendizes. Nessa escola, primeiro desenvolveu em si mesmo paciência e tolerância. Quando menino, ele crescia em estatura e sabedoria (*Lucas 2:40*). José e Maria admiravam esse jovem surpreendente.

Sua habilidade em observar os fenômenos sociais e ambientais era espetacular. A rapidez de seu raciocínio, impressionante. A capacidade de síntese e objetividade na confecção de ideias, espantosa. Com uma simples frase, como *"Quem estiver sem pecado, atire a primeira pedra"*, Jesus dizia inúmeras coisas e causava uma revolução em seus ouvintes.

Nas histórias que contava conseguia sintetizar muitos detalhes em poucas palavras. Só mesmo a mente privilegiada de um excelente observador dos eventos da vida seria capaz de elaborá-las. Dizia: *"As raposas têm tocas, e as aves do céu, ninhos..."* (*Mateus 8:20*); *"Olhai os lírios dos campos..."* (*Mateus 6:28*); *"Eis que o semeador saiu a semear..."* (*Mateus 13:3*). O Mestre dos Mestres foi um dos maiores contadores de histórias de todos os tempos. Histórias que mudavam o rumo da vida das pessoas que ele atraía e educava.

A profissão de Jesus, como carpinteiro, era um símbolo da sua atuação como escultor da alma humana. Ao buscar pesadas toras e colocá-las nos carros de tração animal, tinha a pele esfolada. A fricção de suas mãos com a lâmina de entalhar tornava-as grossas e ásperas.

À medida que engrossava as mãos, o mestre refinava sua arte de pensar e amar. Enquanto encaixava as peças de madeira, analisava atenta e embevecidamente as reações e os pensamentos dos que o cercavam.

Temos pouquíssimos relatos sobre o que ocorreu dos 12 aos 30 anos na vida de Jesus. Mas as ideias e conceitos que ele expressou sobre a natureza humana a partir dos 30 anos revelam que ele foi um excelente observador da psicologia. Não há profundidade quando os olhos da alma enxergam pouco.

O homem Jesus perscrutava os comportamentos humanos e analisava as causas que os sustentavam. Percebeu que o ser humano estava doente em sua alma. Doente pela impaciência, rigidez, intolerância, dificuldade de contemplar o belo, incapacidade de se doar sem esperar a contrapartida do retorno.

Certa vez, os fariseus indagaram por que ele se envolvia com pecadores e pessoas eticamente reprováveis. Jesus fitou-os e desferiu uma resposta certeira: *"Os sãos não precisam de médicos, e sim os doentes"* (*Mateus 9:12*).

O Mestre da Vida compreendeu as limitações humanas. Entendeu que o ser humano domina o mundo externo, mas não tem domínio sobre seu próprio ser. Roma dominava o mundo, mas os generais e imperadores romanos eram dominados por sua emoção arrogante.

Somente alguém que conhecia as limitações humanas em suas raízes mais íntimas poderia amar incondicionalmente o ser humano numa sociedade saturada de preconceitos e discriminações. Somente alguém que penetrou nas entranhas da alma poderia perdoar e dar tantas chances quantas fossem necessárias para alguém começar tudo de novo.

Em uma terra de exclusão, Jesus Cristo acolheu. Em um ambiente social onde uns queriam estar acima dos outros, ele só admitiu estar acima das pessoas quando cravado sem piedade na cruz.

Ninguém foi tão grande como ele e ninguém soube se fazer tão pequeno. A grandeza de um empresário ou de um político não está nos jornais que a noticiam, mas na capacidade de se fazer pequeno para compreender as dificuldades humanas.

Um pai nunca será um grande pai se não aprender a se curvar e penetrar no mundo dos filhos. O Mestre do Amor se fez pequeno para tornar grandes os pequenos.

Você consegue se fazer pequeno para alcançar as pessoas que não têm o seu nível intelectual ou sua experiência de vida? Não adianta criticá-las. A crítica sem afeto angustia e controla a abertura da memória das pessoas a quem é dirigida. É necessário valorizá-las para que abram as janelas de suas mentes. Assim, nossas palavras se tornam capazes de arejar a emoção dos outros.

*Laboratórios de imersão:*
*as excelentes técnicas pedagógicas*

Enquanto andava com os discípulos, o Mestre do Amor fazia diversos laboratórios para imergi-los em um treinamento capaz de mudar suas vidas. Não ficava apenas no discurso, mas criava situações ou usava as circunstâncias para fazer verdadeiros laboratórios destinados a aumentar a autoestima dos discípulos, superar suas dificuldades, aprender a trabalhar em equipe e arejar o inconsciente.

Jesus usou de todas as formas para trabalhar a alma humana. Escolheu a estirpe menos recomendável de homens para lapidá-los. Permitia, às vezes, que seus discípulos ficassem em apuros para que revelassem as zonas de tensão doentias de suas memórias. Quando isso acontecia, surgia uma oportunidade preciosa para que reeditassem o filme do inconsciente.

Quando Pedro, sem consultar Jesus, disse a um oficial romano que seu mestre pagava imposto, Jesus perguntou-lhe: *"O filho do rei paga imposto?"* (*Mateus 17:25*) Pedro respondeu que não. Perplexo, entendeu que seu mestre era o filho do Autor da vida. Por isso, ficou decepcionado consigo mesmo, pois mais uma vez reagira sem pensar.

Delicadamente, Jesus prosseguiu, fazendo mais um laboratório para ensinar Pedro a pensar antes de reagir. Pediu que ele fosse pescar e disse que dentro do primeiro peixe que pegasse encontraria uma moeda para pagar o imposto pelos dois. Pedro ficou perplexo. Era um especialista na arte de pescar e nunca retirara uma moeda de dentro de um peixe. Enquanto pescava, refletia, penetrava nas favelas de sua memória e as reurbanizava. Dessa maneira, a cada laboratório, era lapidada um pouco mais a pedra bruta da sua personalidade.

O resultado? O apóstolo Pedro se tornou um homem tão inteligente e gentil que suas duas cartas são um verdadeiro tratado de psicologia social. Delas emana sabedoria, compreensão das dores humanas e dos conflitos existenciais. Ele, que não sabia suportar sofrimento ou estresse, estimulou seus leitores a não ter medo das dores da existência, mas a superá-las com coragem, sabendo que elas transformam a alma como o fogo purifica o ouro.

*Esculpindo a alma humana na escola da vida*

Em uma terra em que os sentimentos humanos estavam embotados e as pessoas não aprendiam a arte de pensar, Jesus fez laboratórios de sabedoria. Ao andar com ele, os insensíveis se tornavam poetas, os agressivos acalmavam sua emoção, os incultos se transformavam em pensadores.

Quando o Mestre da Vida dizia *"Felizes os mansos porque herdarão a terra"* (*Mateus 5:4*), ele queria revelar que a violência gera violência e que todo opressor um dia será derrubado pelos oprimidos. Evidenciava que os territórios do reino que anunciava, ao contrário do que ocorre neste mundo, são conquistados pela mansidão.

João, o mais jovem dos discípulos, apesar de parecer muito amável, tinha a emoção explosiva e saturada de preconceitos. Certa vez, sugeriu a Jesus que destruísse com fogo algumas pessoas que não andavam com ele (*Lucas 9:54*). Se o mais amável dos discípulos queria destruir os que não faziam parte do seu grupo, imagine o que se poderia esperar dos outros.

O Mestre do Amor, sempre dócil, ouvia os absurdos dos discípulos e pacientemente trabalhava nos becos de suas almas brutas e desprovidas de compaixão. Ele esculpiu a emoção de João. O resultado? João se tornou o poeta do amor. Nos últimos momentos de sua vida, escreveu palavras que testemunham o quanto ele amava cada ser humano.

Talvez você goste de trabalhar com pessoas de fácil relacionamento. Talvez você quisesse ter filhos menos complicados, alunos menos problemáticos, colegas de trabalho mais receptivos e abertos. Mas nunca se esqueça de que vários cientistas e pessoas de sucesso da atualidade foram, no passado, muito difíceis. Por que tiveram sucesso? Porque alguém investiu nelas. As pessoas mais problemáticas poderão ser as que mais lhe darão alegrias no futuro.

O Mestre da Vida preferiu trabalhar as pessoas difíceis para mostrar que vale a pena investir no ser humano. Trabalhou pacientemente os que eram considerados escórias da sociedade, e eles, com exceção de Judas, aprenderam a arte de amar. Ensinou-lhes que nas pequenas coisas se escondem os mais belos tesouros.

Conduziu-os a despir suas máscaras sociais e a descobrir que a felicidade não está nos aplausos da multidão nem no exercício do poder, mas nas avenidas da emoção e nas vielas do espírito. Os discípulos abandonaram Jesus no momento em que ele mais precisava deles. O mestre previra isso e não reclamou. Um dia eles regressaram e se tornaram mais fortes.

Você cuida delicadamente da sua vida por compreender que ela é breve como uma gota que se evapora ao sol do meio-dia? Não se deixa entulhar por problemas nem saturar pelo sistema social? Invista na sua vida e na dos outros!

Esse é o único investimento que ganha sempre, mesmo quando perde. Ainda que as pessoas de quem você carinhosamente cuidou o abandonem, um dia elas voltarão, pois as sementes tardam mas não deixam de germinar. Confie nas sementes.

## CAPÍTULO 3

# Uma humanidade inigualável

*Um homem fascinante*

Muitos amam os feitos sobrenaturais de Jesus, exaltam seu poder divino, mas não conseguem enxergar a exuberância de sua humanidade. O homem Jesus era um especialista em captar os sentimentos mais escondidos nos gestos das pessoas, mesmo das que não o seguiam. Às vezes não conseguimos captar os sentimentos das pessoas mais íntimas, muito menos das distantes.

Os paradoxos que cercavam o Mestre da Vida nos deixam boquiabertos. Por um lado dizia ser imortal, por outro apreciava ter amigos temporais; falava sobre a pureza dos oráculos de Deus e ao mesmo tempo estendia as mãos às pessoas eticamente falidas; era capaz de ressuscitar uma criança, mas escondia seu poder pedindo aos pais da criança que alimentassem o filho.

Muitos têm dinheiro e fama, mas são banais em seu interior. Jesus, embora famosíssimo, era um homem simples por fora e especial por dentro. Vivemos a paranoia da fama nas sociedades modernas. Os jovens sonham em ser atores, atrizes, esportistas, cantores, pessoas famosas. Contudo, não conhecem as sequelas emocionais que a fama maltrabalhada pode causar.

A fama conspira muito mais contra o prazer de viver do que o anonimato. A grande maioria das pessoas famosas é mais infeliz e ansiosa do que quando era desconhecida. Perdem frequentemente a alegria com as coisas simples e se aprisionam numa bolha de solidão, ainda que rodeadas por multidões. A paranoia da fama é doentia. Procure ser especial por dentro, deixe que os aplausos venham naturalmente, mas não viva em função deles.

*Financeiramente rico, mas emocionalmente triste*

Um dia, um homem riquíssimo e famoso resolveu executar um grande sonho: cultivar um jardim com plantas do mundo inteiro. Queria ter o prazer de chegar do trabalho e contemplá-las. Chamou os melhores paisagistas e plantou todo tipo de flores. Tudo era tão lindo! Depois, voltou à rotina dos seus problemas. Como tinha muitas atividades e preocupações, pouco a pouco perdeu o encanto pelo jardim.

Um dia perturbou-se ao observar o jardineiro cantarolando enquanto cuida das flores. Chocado, entendeu que a beleza está nos olhos de quem a vê. De nada adiantava ser dono do jardim, se não era capaz de administrar sua emoção para contemplá-lo. De nada adiantava ter milhares de flores, se seus pensamentos não se aquietavam para sentir seu perfume. Começou a rever seu estilo de vida, pois compreendeu que o jardineiro, embora tivesse uma conta bancária modesta, era dono de uma alta conta emocional. Era mais feliz do que ele.

Há milionários que têm caseiros, jardineiros e mordomos emocionalmente mais ricos do que eles. A felicidade vem do trabalho realizado com prazer e da alegria e beleza extraídas das pequenas coisas da vida. Muitas pessoas de sucesso frequentam assiduamente os consultórios de psiquiatria. Tiveram êxito financeiro, social e intelectual, mas se autoabandonaram, não tiveram sucesso em viver dias felizes e tranquilos.

A fama batia à porta do homem Jesus, mas ele a desdenhava. Jamais perdeu a simplicidade e o encanto pela vida. Mesmo no auge da fama, ainda conseguia fazer dos lírios do campo um espetáculo aos seus olhos. Sua sociabilidade e sua espontaneidade o levavam a almoçar e jantar prazerosa e frequentemente na casa das pessoas, mesmo das que não conhecia (*Mateus 26:6*).

Jesus Cristo reunia na sua personalidade gentileza e segurança, eloquência e simplicidade, glória e anonimato, grandeza e humildade. Enfrentava o mundo para defender o que pensava, mas, ao mesmo tempo, conseguia chorar sem reservas diante dos outros. Ele atingiu o auge da saúde psíquica. Sua humanidade foi inigualável.

Você consegue reunir na sua personalidade gentileza e segurança? Você é uma pessoa que contagia os outros com sua simplicidade e espontaneidade? Às vezes nem mesmo nossos sorrisos são espontâneos e frequentes.

Precisamos aprender com o Mestre dos Mestres a viver saudavelmente no solo dessa sinuosa existência. Precisamos deixar de lado nossos títulos acadêmicos e nossa conta bancária e aprender a ter prazer na relação espontânea e flexível com as pessoas.

Uma das piores coisas que um psiquiatra ou psicólogo pode cometer contra si é continuar sendo um profissional de saúde mental fora do ambiente do consultório. Ele esmaga a forma singela de usufruir a vida.

## *Prazer em ser um homem*

Bilhões de homens e mulheres admiram profundamente Jesus Cristo, mesmo os budistas e os islamitas. Mas as pessoas querem um Cristo nos céus, sem perceberem que ele amava ser reconhecido como filho do homem.

O mais sobrenatural dos homens amou a naturalidade. Ajudou a todos com seu poder, mas recusou-se a usá-lo quando foi julgado e crucificado. Quis ser um homem até esgotar a energia de todas as suas células e ter nas matrizes de sua memória todas as experiências humanas. Será que valorizamos nossa dimensão humana?

O mestre sabia aquietar a própria alma e extrair muito do pouco. Dormia quando todos estavam agitados e ficava alerta quando todos dormiam. Sua emoção não era vítima das circunstâncias, por isso permanecia calmo mesmo quando o mundo parecia desabar sobre ele. Discursava sobre a fonte da alegria, mesmo quando havia inimigos para prendê-lo (*João 7:37*).

Quantas vezes somos escravos das circunstâncias! Nossa emoção, movida por problemas, parece um pêndulo atirado de um lado para o outro. Se, apesar de ter muitos motivos de alegria, você não a sente, está na hora de repensar alguns fundamentos da sua vida.

## *O homem Jesus considerava a vida como um espetáculo*

Jesus era o Mestre do Amor porque considerava cada pessoa como um ser especial e não apenas como mais um número na multidão. Todos eram belos aos seus olhos! Ao abraçar as crianças, ele convidava todos os adultos a serem pequenos alunos na escola da vida.

Se você nunca se dedicou a contemplar as reações de uma criança, não conheceu um dos maiores prazeres humanos – o de se encantar com uma linda expressão de vida. Se não conseguir se deslumbrar com os segredos que cercam o funcionamento da mente de uma criança, dificilmente você terá tempo e habilidade para admirar sua própria vida.

Faça uma pausa e observe o admirável mundo dos pensamentos e emoções. Como pensamos? Como penetramos no escuro da memória em milésimos de segundos? Como encontramos em meio a bilhões de opções os elementos que confeccionam as cadeias de nossos pensamentos? Como temos certeza de que os verbos que empregamos na construção das ideias são exatamente os que queríamos utilizar?

Quando os indivíduos, depois de explorarem intensamente o imenso espaço e o pequeno átomo, tiverem tempo para voltar para dentro de si mesmos, compreenderão que a ciência tem limites exploratórios. Os maiores mistérios não estão no espaço, mas no espírito humano. As maiores dúvidas científicas não estão na origem do universo, mas na origem da inteligência, na construção das mais simples ideias. Quando uma criança pensa, mesmo que esteja abandonada nas ruas, ela realiza um feito mais complexo do que todas as pesquisas da mais célebre das universidades.

Você fica impressionado quando observa as pessoas pensando, sentindo e trocando experiências? Os programas da Microsoft são sistemas arcaicos se comparados aos fenômenos que nos fazem produzir os momentos de alegria e tristeza, tranquilidade e ansiedade. A sua inteligência, como a de qualquer ser humano, é espetacular. E, ainda que você tenha muitos defeitos, nunca se diminua diante de ninguém. Toda discriminação, além de desumana, atenta contra a inteligência.

Na época de Cristo, os leprosos eram banidos da sociedade. Mas o despojamento de Jesus era tão grande que ele conseguia dar mais atenção a um leproso do que a um fariseu. Por quê? Porque para ele ninguém era maior ou menor. Não fazia isso por ser apenas um homem caridoso, mas porque via a grandeza da vida, e esta visão o tornava capaz de tratar uma prostituta com respeito, chamando-a de "mulher" (*João 8:10*). Se você nunca se der conta da grandeza da vida, dificilmente conseguirá honrar pessoas desprivilegiadas.

É lamentável percebermos que muitos vivem de forma indigna, diminuindo os outros, medindo-se pela conta bancária, por diplomas acadêmicos e status social.

Se você encontrar o presidente do seu país atravessando a rua e próximo dele estiver uma criança desprotegida socialmente, dirija-se primeiro à criança. Ela é tão importante quanto o governante e precisa mais de você. É fundamental honrar solenemente o espetáculo da vida.

*Sem amor a vida não tem sentido*

Um dia um pai trouxe-me um filho que estava com depressão e com problemas de farmacodependência. Os dois moram nos EUA. Viajaram milhares de quilômetros para procurar ajuda.

Quando perguntei por que viera de tão longe para tratar do filho, se em seu país havia excelentes psiquiatras, ele me interrompeu dizendo que viajaria o mundo todo para que seu filho pudesse ser feliz e ter êxito na vida. Havia lido um dos meus livros e achava que eu poderia ajudá-lo.

O que faz um pai cometer atos extremos para ajudar um filho? Se nossa mente fosse limitada como a de um computador, certamente eliminaríamos nossos filhos problemáticos, dependentes ou deficientes. Contudo, quanto mais dificuldades eles têm, mais criamos vínculos e os amamos.

Recentemente, um pai me contou que tinha uma filha com deficiência mental. Ela era alegre e sociável, embora tivesse dificuldade de construir pensamentos complexos, devido à deficiência de armazenamento de informações na memória. Os pais e dois irmãos a amavam intensamente e cuidavam dela com o maior carinho. Um dia a menina faleceu.

Com essa morte, parte da vida da família entrou em colapso. Por quê? Porque o amor imprime a imagem dos nossos íntimos nas raízes do nosso inconsciente. A mãe ainda acordava de madrugada para levar a mamadeira para a filha, como sempre o fizera. Esquecia que ela já havia partido.

As pessoas morrem, mas o amor faz com que continuem vivas dentro de nós. Sem amor, que sentido tem a vida? O *homo sapiens* é uma espécie admirável não apenas porque produz ciência e tecnologia, mas principalmente porque possui uma emoção capaz de amar. O amor nos faz cometer atos ilógicos para proteger e cuidar de quem amamos.

Só o amor nos faz cometer atos impensáveis. Se Deus fosse um megacomputador, nunca permitiria que seu filho morresse na cruz em favor da humanidade. O amor, simplesmente ele, fez com que os dois personagens mais importantes do universo cometessem atos ilógicos para resgatar quem amavam.

O Mestre do Amor queria ensinar aos homens a principal arte da inteligência e a mais difícil de ser aprendida: a arte de amar. Para aprendê-la era necessário cultivar a contemplação do belo, a tolerância, a compaixão, a capacidade de perdoar e a paciência. Amar é uma palavra fácil de pronunciar mas difícil de ser praticada. Muitos nem mesmo conseguem amar a si mesmos, quanto mais as pessoas de fora. Mas, sem amor, que sentido tem a vida?

O amor renova as esperanças, reanima a alma, reaviva a juventude da emoção. A emoção de quem não ama envelhece precocemente, o que é grave. Quem ama, ainda que esteja num asilo, vive na primavera da vida. Se você aprender a amar, será um eterno jovem, ainda que idoso. Caso contrário, será um velho, mesmo se for jovem.

O amor por seu trabalho se evidencia na sua dedicação e no prazer ao exercê-lo. O amor por sua vida se revela na forma como você investe nela. Pare e observe a vida. Aprenda alguns segredos com o Mestre do Amor.

### Um homem que provoca suspiros

Roma dominava muitas nações. Tibério César era o senhor do mundo. O domínio de Roma sufocava a alma de cada judeu. Israel nunca aceitara ser subjugada por qualquer outro povo.

No passado, o povo de Israel já pagara alto preço para sair do jugo do Egito.

Foram 40 anos de caminhada pelo deserto em busca da Terra Prometida. Canaã era mais do que chão, mais do que uma terra onde corria leite e mel. Era um lar para descansar a alma. Israel ainda parecia uma frágil fagulha, mas preferiu o calor do deserto à servidão ao faraó. Preferiu o calor do sol à sombra de um teto que não era seu.

Mas agora os tempos eram difíceis. O domínio do Império Romano era um corpo estranho que penetrava no interior de cada casa dos judeus. O medo fazia parte da rotina do povo. Roma e César eram temas dominantes. Então, de repente, surgiu sorrateiramente um carpinteiro que foi ocupando o cenário físico e emocional das pessoas.

Pouco a pouco elas passaram a ter o homem Jesus como assunto dominante. Ninguém sabia direito quem ele era. Sabiam apenas que suas palavras tocavam os corações e seus gestos umedeciam os olhos.

Pessoas de culturas, origens e dogmas religiosos diferentes se aglomeravam para tocá-lo e ouvi-lo. Jerusalém fervilhava de gente. Jesus revelou-se ao mundo em apenas três anos e meio, mas foi tempo suficiente para que se tornasse inesquecível.

Ele era tão desprendido de poder que estimulava seus discípulos a fazer obras maiores que as dele. Líderes políticos, acadêmicos e até religiosos vivem competindo com os outros e os controlam para que ninguém os supere. Jesus, porém, estimulou seus discípulos a superá-lo em ajudar as pessoas e aliviar a dor humana.

Algumas mulheres ficavam tão emocionadas ao conhecê-lo, que, num gesto espontâneo, choravam e beijavam seus pés. Os fariseus, cheios de malícia em seus pensamentos, as reprovavam e criticavam o mestre por permitir o que consideravam um ato infame e comprometedor. Mas Jesus sabia que as lágrimas e os beijos das mulheres teciam uma linguagem insubstituível para expressar os mais nobres sentimentos.

Ah! Se soubéssemos amar como ele nos ensinou! Se os pais dessem menos brinquedos para seus filhos, e mais de si mesmos e de sua história, teríamos mais alegria e menos solidão dentro dos lares modernos! Se os professores dessem menos informação, e gastassem mais tempo penetrando na alma e educando a emoção dos seus alunos, teríamos menos conflitos nas salas de aula!

## CAPÍTULO 4

# A comovente trajetória em direção ao Calvário

O maior educador do mundo não precisava de aparatos, endereço fixo nem de tecnologia para atrair as pessoas. Jesus tocava profundamente a inteligência e a emoção dos que o ouviam.

Era época da Páscoa, e milhares de pessoas, vindas de todos os cantos do país, lotavam as hospedarias, e não poucas dormiam ao relento. A multidão estava inquieta, esperando amanhecer para vê-lo e ouvi-lo. Mas, para surpresa de todos, Jesus estava naquele momento sendo submetido a um julgamento sumário.

Vimos no livro anterior da coleção, *O Mestre da Vida*, que Jesus foi preso secretamente e julgado na calada da noite (*Mateus 26:31*). Nas primeiras horas do dia o veredicto final já havia sido dado.

De agora em diante, estudaremos seus passos em direção à cruz. Antes de analisar os preparativos da crucificação e a própria crucificação, vamos examinar um trecho a que poucos dão atenção, mas que possui uma beleza única: a trajetória de Jesus Cristo até o Calvário ou Gólgota, local em que foi crucificado.

## Saindo da Fortaleza Antônia: a grande surpresa

O réu estava mutilado. Fora julgado e espancado. Em menos de 12 horas seus inimigos destruíram seu corpo. O filho do homem não tinha mais forças para caminhar.

Cravada na cabeça do mais amável dos homens havia uma coroa de espinhos, causando dezenas de pontos hemorrágicos. Sua face estava coberta de hematomas. Havia curado a vista dos cegos, agora tinha os olhos inchados. A musculatura das pernas estava lesada; a pele das costas, aberta pelos açoites; o corpo, desidratado.

Jesus se encontrava na Fortaleza Antônia, casa de Pilatos. Lá fora, uma multidão queria notícias. Desejavam saber o veredicto romano. De repente, um homem quase irreconhecível apareceu, conduzido por soldados.

A multidão ficou chocada. Não podia ser ele. Parecia uma miragem. Não acreditavam no que viam. O desespero começou a invadir homens, mulheres e crianças. Ninguém entendia o que estava acontecendo. O homem que fizera incríveis milagres estava ali, fragilizado. O homem que discursara eloquentemente sobre a vida eterna estava morrendo. Que contraste absurdo!

A cena era impressionante! Gritos e choro ecoavam entre as pessoas que o amavam. Os soldados bradavam e usavam a força para que abrissem espaço. Um corredor humano foi sendo formado lentamente para o réu passar.

Fico imaginando o que se passava na mente daquelas pessoas sofridas que foram cativadas pelo Mestre do Amor e que ganharam um novo sentido de vida. Fico pensando em como elas se sentiram vendo um sonho se converter em pesadelo.

Perturbadas, talvez se perguntassem: "Será que tudo o que ele falou era mentira?", "Será que a vida eterna, sobre a qual tanto discursou, não existe?", "Será que nunca mais encontraremos nossos seres amados que se foram?", "Se ele é o filho de Deus, onde está o seu poder?". Nunca tantas perguntas ficaram sem resposta.

As pessoas na multidão não conheciam bem o homem que amavam. Sabiam que tinham sido cativadas por ele e não conseguiam deixar de segui-lo, mas desconheciam sua estrutura emocional e seu plano transcendental. Jamais poderiam imaginar que tudo o que estava ocorrendo fazia parte do plano de Jesus e do seu cálice.

## Suportando e superando a dor

Se Jesus se fixasse na sua dor e na ira dos seus carrascos, teria abandonado o seu cálice. Porém, nem as dores nem a frustração foram capazes de dominá-lo.

Nós desistimos facilmente das pessoas que nos decepcionam, mas ele, ao contrário, era de uma perseverança ímpar. Sua motivação era inabalável. Tinha metas sólidas e estabelecia prioridades para cumpri-las. Assim, conseguia forças para suportar com dignidade o que ninguém suportaria com lucidez.

Jesus estava sofrendo, mas não sofria como um miserável ou um infeliz. Em cada momento de dor, entrava num profundo processo de reflexão e diálogo com seu Pai. O Mestre da Vida caminhava dentro de si mesmo enquanto se dirigia para o seu destino final. Conseguia ver as dores por outra perspectiva.

Por qual perspectiva vemos nossos sofrimentos cotidianos? Muitos de nós não sabemos suportar as dificuldades inerentes à vida. Elas nos abalam em vez de firmar nossos alicerces, nos paralisam e não nos libertam.

Ninguém deve procurar deliberadamente qualquer tipo de dor para lapidar sua personalidade. Devemos ir sempre em direção ao conforto, ao prazer e à tranquilidade. Contudo, mesmo as pessoas mais previdentes não conseguem controlar todas as variáveis da vida. Por isso, pequenas dores e frustrações sempre acompanharão nossa trajetória existencial.

A questão toda está no que faremos com elas. Não reaja com

medo, não se revolte, não culpe o mundo. Lembre-se de que o Mestre dos Mestres mostrou que a dor pode ser uma excelente ferramenta para aperfeiçoar e fortalecer a alma.

## *Consolando as pessoas no auge da dor: mais um gesto excepcional*

Jesus sempre esteve disposto a carregar a sua cruz. Agora era chegado o momento. Contudo, fora de tal forma torturado, que não tinha energia para carregá-la. Quando tentava colocar a trave de madeira sobre os ombros, caía frequentemente.

Os soldados davam-lhe chibatadas. Lentamente ele se levantava e novamente ajoelhava. Para não atrasar o desfecho, chamaram para ajudá-lo o primeiro homem forte que estava por perto. Colocaram a cruz sobre Simão, o Cireneu (*Lucas 23:26*). Este viera de longe, provavelmente para ver Jesus e ser ajudado por ele. Mas agora o via mutilado e precisando de ajuda.

Lucas, autor do terceiro evangelho, descreve a cena de maneira eloquente. Diz que as pessoas se assombravam com o espetáculo (*Lucas 23:27*). Contemplavam a dor e o drama de Jesus e eram invadidas por tal desespero, que batiam no peito inconformadas. O mais eloquente e amável dos homens estava mudo e irreconhecível.

Jesus caminhava lentamente. Sua cabeça pendia sobre o peito. Estava sem condições físicas e psíquicas para se preocupar com os outros. Entretanto, ao ouvir os gritos da multidão que o amava, parou e ergueu os olhos! Viu os leprosos e os cegos que curara, as prostitutas que acolhera, inúmeras mães carregando os filhos no colo. Então, quando todos pensavam que ele não tinha mais energia para raciocinar e dizer qualquer palavra, fitou a multidão, se fixou nas mulheres e disse, provavelmente com lágrimas: *"Filhas de Jerusalém, não choreis por mim. Chorai antes por vós e por vossos filhos"* (*Lucas 23:28*).

Jesus parecia dizer: "Por favor, não chorem por mim. Estou morrendo, não se preocupem comigo. Preocupem-se com vocês mesmas. Vocês já têm problemas demais, chorem por vocês e por seus filhos..." Mas o Mestre da Vida prosseguiu com algo enigmático. Falou que, se faziam aquilo com o lenho verde, muito pior fariam com o lenho seco (*Lucas 23:31*). Queria dizer que, se os romanos o julgavam de forma tão injusta, o que não poderiam fazer aos judeus?

Talvez estivesse alertando as mães para os dias terríveis que viriam. Talvez estivesse antevendo a destruição dramática de Jerusalém pelos romanos no ano 70 d.C. A destruição de Jerusalém foi um dos capítulos mais angustiantes da história da humanidade e poucos o conhecem. O leitor que desejar saber como essa tragédia se deu encontrará um relato no apêndice deste livro.

Que homem é capaz de, no auge do sofrimento, esquecer a si próprio e se preocupar com os outros? Era ele quem precisava de consolo, não a multidão. Era ele quem precisava estancar o sangue das feridas e aliviar as dores. Uma vez mais, Jesus esqueceu-se de si, voltou-se para as pessoas e procurou consolá-las.

Você conhece alguém que tenha sofrido um grave acidente e que, apesar de estar todo ferido, sangrando e morrendo, foi capaz de esquecer-se de si para consolar a angústia dos que dele se aproximavam? Jesus inverteu os papéis. Sua compaixão não tem precedente histórico. Estava ferido e mutilado, mas conseguiu deslocar-se da própria dor para concentrar-se na dor dos outros. Na cruz, ele levará até as últimas consequências sua solidariedade e amor.

### *Não era possível deixar de chorar por ele*

Jesus estava preocupado com as mulheres e com seus filhos, mas, mesmo sofrendo e já quase sem forças, pediu que poupassem suas lágrimas e não se preocupassem com ele. O Mestre da Vida devia estar alertando cada habitante de Jerusalém. Entretanto, tudo isso são suposições. Jesus tem segredos que nunca serão desvendados completamente nem pela análise científica nem pela teológica.

Ele andava cambaleante, mas queria enxugar as lágrimas de cada uma daquelas pessoas. Mal acabara de falar, e os soldados já o empurravam sem piedade. Embora desejasse consolar as mulheres, não conseguiu trazer-lhes conforto. Elas o amavam, e por isso era impossível não sofrer por ele. Vê-lo morrer matava dentro delas o sentido da vida.

## A linguagem da emoção

Os discípulos que acompanhavam Jesus aprenderam uma das mais difíceis e importantes linguagens – a linguagem da emoção. Aprenderam a não ter medo de admitir as próprias fragilidades e de expressar seus sentimentos. Aprenderam a não ter medo de amar e chorar. Pedro chorou por tê-lo negado (*Lucas 22:62*); Judas, por tê-lo traído, e agora uma numerosa multidão soluçava inconsolada por crer que iria perdê-lo para sempre.

Você tem aprendido a linguagem da emoção? Você vive reprimido dentro de si ou sabe expressar seus sentimentos? Nunca se esqueça de que a maneira como os outros nos veem e reagem a nós se deve não tanto ao que somos, mas ao que expressamos. Há pessoas excelentes, mas sem capacidade de exteriorizar sua amabilidade, sabedoria, preocupação com os outros.

Muitos pais, professores, profissionais liberais e empresários são excelentes no conteúdo, mas têm grave dificuldade de falar a linguagem da emoção e exteriorizar suas ideias e sentimentos. Passam muitas vezes uma imagem de arrogância e autoritarismo, embora sejam humanos e humildes.

Enquanto o Mestre do Amor caminhava, as pessoas acompanhavam seus passos lentos. Ele vertia sangue, e a multidão vertia lágrimas. Que cena! Ninguém queria chegar ao destino final – o Calvário. Ninguém queria assistir ao capítulo derradeiro da história do mestre da emoção. Vê-lo ferido e mutilado já era insuportável para aquele povo sofrido e sem esperanças.

## Um balanço do martírio: quatro julgamentos e seis caminhadas como criminoso

Antes de analisar os eventos que aconteceram quando Jesus chegou ao Calvário, vamos rever o que ele sofreu desde que foi preso na noite anterior, no Jardim do Getsêmani. Essa revisão é importante para que possamos tomar consciência das condições físicas e emocionais com que Jesus chegou para ser crucificado.

Os líderes judeus sabiam que se não o condenassem rapidamente a multidão poderia se revoltar. Então pressionaram tanto Pilatos como Herodes Antipas para julgá-lo sumariamente. Quando Pilatos, zombando deles, disse *"Crucificarei o vosso rei?!"* (*João 19:15*), os líderes judeus se revoltaram. Disseram, pela primeira vez, alto e em bom som, que César, o imperador romano, era o rei deles. Os judeus jamais tinham aceitado ser governados por alguém estranho à sua raça.

Minutos antes, eles haviam preferido o assassino Barrabás a Jesus. Agora trocavam Jesus por um tirano que estava em Roma. Nunca um homem tão desprezado e odiado teve um comportamento tão digno.

Os judeus já haviam, anos antes, apresentado queixas contra Pilatos para o grande imperador Tibério César. Pilatos sabia, portanto, que, se dissessem a Tibério que ele absolvera um homem que dizia ser "rei dos judeus", o imperador não o perdoaria, ele cairia em desgraça e perderia o cargo. Pilatos sabia que Jesus era inocente, mas não suportou a pressão política. Foi infiel à sua consciência e condenou à pena máxima o mais inocente dos homens.

O Mestre da Vida fez seis longas caminhadas como criminoso: caminhou do Jardim do Getsêmani até a casa de Anás; da casa de Anás à casa de Caifás; da casa de Caifás à casa de Pilatos, o governador; da casa de Pilatos à casa de Herodes Antipas; da casa de Herodes Antipas novamente até a casa de Pilatos; da casa de Pilatos até o Calvário. Jesus era conduzido de um lado para o outro porque ninguém queria se responsabilizar pela morte do mais famoso e intrigante homem de Jerusalém.

Cuspiram nele e o humilharam por diversas vezes. Foi considerado duplamente falso: falso filho de Deus e falso rei. Mas não abriu a boca para agredir ou reclamar dos seus torturadores.

Submeteu-se a quatro julgamentos injustos: na casa de Anás, na de Caifás, na de Pilatos e na de Herodes Antipas. Foi torturado emocionalmente em todos esses julgamentos. Três grupos de soldados o espancaram. Açoites mutilaram seu corpo na casa de Pilatos, e uma coroa de espinhos foi cravada em sua cabeça, como se fosse um falso e frágil rei.

Ficou nu pelo menos duas vezes em público, na casa de Herodes Antipas e no Calvário. Na casa de Herodes, Jesus calou-se e recusou-se a fazer qualquer um de seus milagres, como o governador da Galileia solicitava. Não queria dizer qualquer palavra ao político assassino e arrogante que havia mandado degolar seu grande amigo e precursor João Batista.

Bastava um milagre e seria solto. Mas escolheu o silêncio. Por isso, Herodes despiu-o, colocou-lhe um manto de rei e zombou dele. Seus soldados o colocaram no centro de um picadeiro e o provocaram, dando gargalhadas e gritos histéricos. Somente alguém plenamente convicto dos próprios valores substitui as palavras pelo silêncio. Falar demais para convencer os outros é sinal de insegurança. Nunca um homem foi tão forte e seguro num ambiente onde só era possível reagir com ansiedade e desespero.

A ciência é omissa na compreensão do homem Jesus. Espero que meus colegas cientistas da psicologia, da psiquiatria e das ciências da educação possam ter a oportunidade de estudar sua inusitada personalidade.

## A consequência da humilhação no inconsciente

Em cada um dos julgamentos, Jesus foi humilhado publicamente, sem nenhuma compaixão. Você já foi humilhado publicamente? A humilhação pública é uma das mais angustiantes experiências humanas.

Lembro-me de uma paciente que aos 12 anos foi humilhada por uma de suas professoras. Ao fazer uma pergunta aparentemente descabida, a professora ofendeu-a na frente dos colegas, dizendo: "Gordinha, você não é inteligente." Foi o suficiente para que a ofensa ficasse registrada de maneira privilegiada na memória da menina, submetendo sua personalidade a um verdadeiro calabouço. Ela, que era sociável e inteligente, passou a ter baixo rendimento escolar e a se isolar socialmente.

Todas as vezes que ia mal nas provas ou que alguém levantava a voz para ela, abria-se a janela da memória em que estava o registro doentio provocado pela professora, reproduzindo a experiência de angústia e sentimento de inferioridade. Pouco a pouco desenvolveu depressão, e com 18 anos tentou o suicídio.

Nunca humilhe as pessoas nem as critique publicamente, mesmo que elas estejam erradas. Elogie-as em público e as critique particularmente, como o Mestre da Vida fazia. Pais, professores e chefes que humilham as pessoas publicamente são capazes de comprometer a capacidade intelectual delas para sempre.

Humilhações sociais podem perpetuar-se por gerações. É o caso dos afro-descendentes. Há milhões deles que ainda sofrem veladamente as sequelas da escravidão. A escravidão foi abolida, mas suas sequelas permaneceram.

Se as aulas sobre a escravidão não forem capazes de educar a emoção, resgatando a dor que os negros viveram e exaltando sua dignidade como seres humanos, elas podem perpetuar essas sequelas. A transmissão passiva das tragédias humanas, como o nazismo, as guerras mundiais ou as atrocidades do Império Romano, pode produzir uma psicoadaptação inconsciente nos alunos, embotando sua sensibilidade. Nunca é demais repetir: informar é insuficiente para formar; precisamos da educação que forma.

As rejeições sociais registram-se de maneira privilegiada na memória, criando zonas de tensão capazes de controlar nossa maneira de ser e de agir. É necessário reciclar as experiências humilhantes de rejeição e discriminação do passado. Caso contrário, seremos vítimas e não autores de nossa história.

Devemos aprender com o Mestre dos Mestres a proteger nossas emoções. Enquanto caminhava por uma estrada saturada de agressões e provocações, Jesus não reclamou nem se desesperou. As pessoas podiam rejeitá-lo, mas ele não gravitava em torno do que os outros pensavam sobre ele. Era forte o suficiente para não fazer de sua emoção uma lata de lixo nem de sua memória um depósito de vergonha e de autodesvalorização.

Se você gravita em torno do que os outros dizem e pensam a seu respeito, procure fortalecer sua proteção emocional. Não deixe que um olhar atravessado, uma palavra áspera ou um gesto agressivo estraguem seu dia e afetem sua autoestima.

O mestre perdia sangue, mas não perdia a dignidade. Os homens podiam amordaçá-lo, mas ele permanecia livre num lugar em que seus inimigos eram escravos. Ninguém conseguiu abalar os alicerces de sua alma.

## A sequência dos eventos

Van Gogh passou por muitas privações e rejeições. Esse gênio da pintura era rico por dentro, mas emocionalmente hipersensível. O impacto das perdas e ofensas causavam grandes turbulências no território de sua emoção, provocando crises depressivas. Por fim, o grande pintor perdeu o colorido da emoção.

Machado de Assis foi um brilhante e poético escritor. Criou belos personagens em complexas tramas existenciais. Mas experimentou o caos emocional com a morte de sua amada esposa. Com isso, perdeu o solo da própria segurança, o que o fez imergir numa bolha de solidão e arrebatou-lhe o ânimo de viver. Quem está livre de passar por esses percalços?

Certa vez, ministrei uma palestra para cerca de 80 professores de uma universidade. Quase todos eram doutores. Falei-lhes sobre os vínculos da emoção com o pensamento e dos complexos papéis da memória. Esses professores perceberam que os títulos acadêmicos não eram suficientes para habilitá-los a navegar com serenidade nas águas da própria emoção, a superar seus focos de tensão, a resolver os conflitos em sala de aula e a cativar seus alunos. Também compreenderam que, apesar de serem ilustres professores, conheciam pouco o funcionamento da mente e as ferramentas que, sem saber, utilizavam na educação: as janelas da memória, o mundo das ideias, as zonas de tensão das emoções.

Ninguém vive num jardim sem espinhos. Como avaliar se uma pessoa é feliz e bem-resolvida? Por sua habilidade e capacidade de suportar e transcender os sofrimentos. Não a avalie quando está sendo aplaudida pelas multidões, mas quando se encontra no anonimato, atravessando perdas e fracassos. Uma pessoa feliz não é um gigante, mas alguém capaz de transformar em adubo a própria fragilidade, de usar seus problemas como desafios e de abrir o leque dos pensamentos quando o mundo parece desabar sobre ela.

Diversas faculdades de medicina, psicologia e pedagogia têm adotado a coleção Análise da Inteligência de Cristo. O interessante é que alguns grandes bancos também a adotam como leitura para seus diretores. Por que executivos de finanças estão lendo livros sobre a inteligência do Mestre dos Mestres? Porque as palestras de motivação raramente resistem ao estresse da segunda-feira. Além disso, os métodos administrativos, a gestão de pessoas e a superação de situações de riscos encontram dificuldades ao serem trabalhados na mente dos líderes empresariais.

Esses executivos desejam, ainda que inconscientemente, conhecer algo que tenha raízes, algo capaz de transformar sua maneira de ser e de pensar. Por isso, quiseram compreender o homem mais fascinante que pisou na Terra: Jesus Cristo. Procuram conhecer como ele lidava com as pessoas mais próximas, saber como ele abria as janelas de sua mente nos focos de tensão, superava situações de altíssimo risco e desenvolvia as funções mais importantes da inteligência.

Jesus sempre superou os obstáculos de sua vida e só morreu porque quis se entregar. O Mestre da Vida, independentemente da questão espiritual, foi a pessoa que mais soube preparar líderes. Mesmo o fato de seus discípulos o terem abandonado foi um treinamento para eles. Jesus os havia prevenido de que isso aconteceria. Seu alerta preparava os discípulos para reconhecer seus limites, superá-los e nunca desistir de suas metas. Ele lapidava a personalidade de pessoas difíceis. Treinava-as com suas ricas palavras e seus laboratórios de vida para serem líderes do próprio mundo.

Você sabe investir em pessoas e explorar o potencial delas? Você é compreensivo com seus filhos, alunos ou funcionários quando eles erram e o perturbam? Nossa dignidade revela-se não quando atravessamos situações calmas, mas em momentos tensos e arriscados. A habilidade para gerenciar e treinar pessoas complicadas em situações complicadas é um indicador de grandeza.

## CAPÍTULO 5

# Os preparativos para a crucificação

*Rejeitando uma bebida entorpecente para aliviar sua dor*

Jesus chegou ao Gólgota às nove da manhã (*Marcos 15:25*). Gólgota significa "lugar da caveira", por isso recebe também o nome de Calvário. A multidão estava apavorada, e o réu, exausto e profundamente fatigado.

Os governadores romanos puniam com a morte na cruz seus piores inimigos. O Calvário era um lugar triste e sinistro que ficava do lado de fora de Jerusalém. Ninguém sentia prazer em visitar aquele lugar. Entretanto, o homem Jesus arrastou multidões para lá.

Os romanos aprenderam a arte da crucificação com os gregos, e os gregos, com os fenícios. A crucificação era uma punição cruel. O criminoso ficava na cruz durante longas horas, em alguns casos por dois ou três dias, até morrer de hemorragia, desidratação, insolação e falência cardíaca.

O Império Romano usava a prática da crucificação como instrumento de domínio. Os gemidos de uma pessoa crucificada ecoavam por meses a fio nas almas dos que os ouviam, gerando desespero e medo. O medo os controlava e os fazia submeter-se à autoridade política.

Ao chegar ao Calvário, os soldados romanos davam uma bebida anestésica ao condenado: vinho misturado com mirra (*Mateus 27:34*). Tal bebida era um gesto mínimo de misericórdia para com os crucificados. Ela aliviava um pouco a dor produzida pelo trauma dos cravos que lesavam músculos, nervos, fraturavam ossos e rompiam vasos sanguíneos.

Quando o risco de morte é intenso, fecham-se os territórios de leitura da memória, e o homem animal prevalece sobre o homem intelectual. Ninguém conserva a sobriedade quando é machucado, ainda mais quando é crucificado. As reações instintivas dominavam os condenados à cruz. Eles se contorciam de dor e lutavam desesperadamente para esquivar-se da agonia e da morte.

Os primeiros golpes dos cravos nos punhos e nos pés provocavam uma dor insuportável. Estalos dos martelos combinados com gritos lancinantes ecoavam pelo lugar. Alguns desmaiavam, outros ficavam confusos, outros ainda enfartavam devido ao estresse pós-traumático.

Por causa da intensidade da dor, ninguém recusava a bebida anestésica. Mas Jesus, para espanto dos soldados, não quis beber. Rejeitou o ato de misericórdia dos romanos. Por quê? Talvez porque desejasse colocar-se como redentor da humanidade. Talvez porque não quisesse perder a consciência em nenhum momento do seu martírio. Queria viver as aflições humanas até o final.

Jesus conservou a lucidez antes e durante o martírio. Até a última batida do seu coração, o Mestre da Vida estava plenamente consciente do mundo à sua volta.

## *As possíveis reações psicossomáticas*

Não estamos programados para morrer. Embora tenhamos mecanismos que nos conduzam ao envelhecimento, o organismo não aceita o fim da vida, mesmo quando alguém tenta desistir dela. Todas as nossas células possuem uma memória genética que clama pela continuidade da existência.

A memória genética nos faz fugir de tudo que contribui para o fim! Todos temos reações psicossomáticas diante de determinados estímulos agressivos que representam riscos. O corpo humano libera mais insulina e faz desencadear-se uma série de mecanismos metabólicos para que as células alcancem um rendimento energético maior, propiciando condições para lutar ou fugir da situação estressante.

Assim, diante da possibilidade da morte, surge um turbilhão de sintomas psicossomáticos. O cérebro envia mensagens urgentes para o sistema circulatório. O coração deixa sua tranquilidade rítmica, acelera sua velocidade, gera taquicardia e aumenta a pressão sanguínea. O objetivo é bombear mais nutrientes para a musculatura.

Jesus foi deitado no chão sobre o leito da cruz. Independentemente da sua natureza divina, era um homem com um corpo frágil como o de qualquer um de nós. Ao ser posicionado na trave de madeira, apresentou diversos sintomas psicossomáticos.

Horas antes, no Getsêmani, *"seu suor tornou-se semelhante a espessas gotas de sangue que caíam por terra"* (*Lucas 22:44*), um sintoma raro que ocorre no ápice do estresse. Ele deve ter tido intensa taquicardia, com grande aumento da pressão sanguínea, provocando ruptura nos pequenos vasos da pele. Eram reações devidas à consciência do martírio que o aguardava. Sabia que teria de suportar uma morte indigna com a maior dignidade.

Agora, na cruz, Jesus insiste em estar plenamente consciente. Sofria muito, mas permanecia inabalável. Os soldados se prepararam para contê-lo, como a todo crucificado, mas não foi preciso. O mestre não ofereceu resistência. Os homens poderiam tirar-lhe tudo, até a roupa, mas não lhe arrancariam a consciência. Queria ser livre para pensar, mesmo enquanto seu corpo morria.

Não devemos exigir um raciocínio lúcido de alguém que está sofrendo. Compreensão e acolhida – não cobrança – deve ser nossa atitude para com os que sofrem. Mas não devemos fugir de nossas perdas nem negar nossas dores. Se as enfrentamos e refletimos sobre elas, encontramos alívio e mais facilmente as superamos. No entanto, todos temos limites. Não devemos exigir de nós nem dos outros que suportemos uma carga além das nossas possibilidades.

É preciso ter sensibilidade e compaixão para compreender que cada pessoa reage de modo diferente diante do sofrimento. No entanto, é também preciso ter consciência de que a pior reação é reagir sem pensar. Não soluciona o problema e, na maioria das vezes, causa muitos danos. Mas isso acontece com frequência porque, sob o foco da dor, fecha-se o mundo das ideias e abre-se o mundo dos instintos.

Da próxima vez que você vir alguém tendo reações insensatas, em vez de julgar essa pessoa, pergunte-lhe o que está acontecendo. Não economize tempo dialogando com ela. Se dialogar, você a compreenderá; se a compreender, será solidário; se for solidário, será menos crítico. Você se sentirá mais feliz e os outros terão mais prazer de estar em sua presença. A pessoa tolerante, além de muito mais agradável do que uma pessoa crítica, transforma e educa mais.

## Encorajando os usuários de drogas a serem livres

A atitude sólida e corajosa do homem Jesus, recusando a droga anestésica para aliviar a dor, traz uma mensagem de esperança para os usuários de drogas de todo o mundo.

A farmacodependência é um dos problemas de saúde pública mais graves da atualidade. Os meios de que a medicina e a psicologia dispõem para o tratamento da farmacodependência são menos eficazes do que os de outras doenças. Só há êxito quando o paciente deseja ardentemente mudar a sua história. Desse modo, ele pode reeditar o filme do inconsciente.

Apesar de o ser humano amar profundamente a liberdade, milhões de usuários de drogas se enclausuram na pior prisão do mundo. O efeito psicotrópico da droga – seja ela estimulante como a cocaína ou fortemente tranquilizante como a heroína – cria zonas de tensão nos territórios inconscientes da memória. Produzem assim o pior cárcere já inventado: o cárcere da emoção.

Ser preso por barras de ferro é angustiante, mas ser preso por algemas no território da memória é trágico. Com o tempo, os usuários de drogas, mesmo os mais inteligentes e cultos, diminuem sua capacidade de gerenciar os pensamentos quando estão angustiados.

Nos momentos de ansiedade, os estímulos estressantes do dia a dia detonam o gatilho da memória que abre a janela onde existe a representação da droga. A partir daí produz-se um desejo compulsivo de usar uma nova dose para tentar aliviar a angústia gerada por esse processo.

Muitos profissionais da saúde mental não sabem que, depois que se instala a farmacodependência, o problema não é mais a droga, mas sua imagem inconsciente. Se um usuário não resolver o problema dentro de si, um dia poderá recair, pois ainda tem vínculos em sua memória.

É preciso nunca desistir, ainda que existam recaídas. Ninguém reurbaniza as favelas da memória rapidamente. Não importa o tempo que dure, o importante é ser livre. Essa determinação vale para qualquer tipo de transtorno psíquico. Chorar, sim; desistir da vida, nunca.

O mais amável e inteligente dos homens, Jesus Cristo, recusou o uso de drogas para encontrar alívio. Não quis ser anestesiado. Sua atitude é um grande encorajamento para os dependentes de drogas. Ele desejou ser livre e consciente, não importando o preço a ser pago.

É claro que uma pessoa que está com câncer, por exemplo, necessita de anestésico para aliviar as dores. Do mesmo modo, alguém com transtorno depressivo ou ansioso importante também precisa de antidepressivos e tranquilizantes. Entretanto, o uso de drogas psicotrópicas sem necessidade médica conspira contra a liberdade de pensar e sentir. Nunca atente contra sua consciência, pois quem o faz contrai uma dívida consigo mesmo que jamais será paga.

Se fôssemos um dos amigos de Jesus e estivéssemos aos pés da sua cruz, teríamos implorado para que ele tomasse a bebida anestésica. Talvez alguns dos que o amavam tenham lhe rogado aos gritos: "Mestre! Pense um pouco em si mesmo. Tenha pena de si. Tome o cálice de misericórdia dos romanos!"

Ele não ouviu ninguém, nem a linguagem dos seus sintomas psicossomáticos. Que amor é esse que nem por dinheiro, fama ou qualquer outro motivo vende a própria liberdade?

Até que ponto você ama sua liberdade de consciência e está disposto a lutar por ela? Muitos executivos são *workaholic*, viciados em outro tipo de droga, viciados em trabalhar. Não conseguem fazer coisas fora da sua agenda de negócios. Não investem naquilo que lhes proporciona prazer e tranquilidade.

São ótimos para a empresa, gastam o máximo de energia para preservar a própria saúde financeira, mas não investem na saúde emocional. Vivem para trabalhar, em vez de trabalharem para viver. Que tipo de liberdade é essa? Combata tudo o que conspira contra a sua consciência e a sua qualidade de vida. Ninguém pode fazer isso por você.

## *Crucificado nu*

Não bastasse todo vexame que passou em seus julgamentos, Jesus foi despido, crucificado e exposto como um espetáculo de vergonha e dor. Jesus ficou nu na cruz. A multidão o olhava estarrecida, vendo o corpo mutilado e ensanguentado do amável mestre.

Jesus cuidava delicadamente de todas as pessoas. Nunca pedia conta dos seus erros nem expunha as suas falhas, a sua nudez. Não quis saber com quantos homens as prostitutas que o seguiam tinham dormido. Mas ninguém cobriu seu corpo nu. Ele, que sempre protegera todos que encontrava, não teve sequer o direito de morrer com suas vestes.

O Mestre da Vida viveu o auge da vergonha social. Gemidos saíam da sua boca, mas ninguém ouviu gritos e lamentações.

Temos grande facilidade para reclamar e muito pouca capacidade de agradecer. Jesus tinha grande facilidade para agradecer, mas não se ouvia dele qualquer reclamação. Quanto mais uma pessoa reclama, mais condições ela cria para ser infeliz e se aprisiona em sua própria armadilha.

## Recebendo o nome de rei como deboche

João foi o único biógrafo que descreveu com detalhes o nome que Pilatos mandou cunhar e colocar sobre a cruz de Jesus.

Para vingar-se dos líderes judeus que o tinham pressionado a condenar Jesus contra sua própria consciência, Pilatos mandou colocar sobre a cruz a inscrição "JESUS NAZARENO, REI DOS JUDEUS" (*João 19:19,20*). Essas palavras foram cunhadas em grego (a língua universal), em latim (a língua romana) e em hebraico (a língua dos judeus).

A palavra "nazareno", associada ao nome de Jesus, era uma expressão de escárnio, pois Nazaré era uma humilde cidade da Galileia, uma origem inaceitável para um rei de Israel. Desprezando a dor de Jesus, Pilatos usou a sua cruz para zombar dos judeus.

Os líderes rogaram ao governador romano que não escrevesse "rei dos judeus", mas *"Este homem disse: Eu sou o rei dos judeus"*.

Entretanto, Pilatos, defendendo a sua pobre e débil autoridade, respondeu-lhes: "*O que escrevi, escrevi*" (*João 19:21,22*).

Talvez Jesus tenha sido o único homem crucificado por Roma que recebeu tal título escrito em três línguas. Um título carregado de ironia, proveniente de um julgamento falso. Mas a palavra "rei" cunhada naquele letreiro tinha um fundo de verdade. O Mestre do Amor não queria o trono político, mas o coração de todos os seres. Não queria ser temido como Pilatos e César, mas amado. Queria ser rei no espírito e nos áridos solos da alma humana.

O Mestre da Vida foi acima de tudo rei de si mesmo, líder de seu próprio mundo. Reinou num ambiente em que todos nós, intelectuais e iletrados, psiquiatras e pacientes, somos pequenos e frágeis súditos. Reinou sobre o medo, a insegurança, o individualismo, o ódio. Reinou sobre o desespero e a ansiedade. Por isso, como veremos, confortou a emoção de muitos num momento em que sua alma precisava ser confortada.

Você reina sobre seu mundo, ou é um mero súdito de suas ideias negativas, de sua ansiedade e mau humor? Se você não aprender a governar suas emoções, poderá ser livre por fora mas prisioneiro por dentro. Nunca deixe que suas angústias, fracassos, falhas e ansiedades o dominem. Jamais se esqueça de que o maior governante não é aquele que dirige um país, um estado ou uma empresa, mas o que dirige, ainda que com limitações, seu mundo psíquico.

## As mulheres ao pé da cruz

Quem estava mais próximo de Jesus nos momentos finais de sua vida, seus amigos ou as mulheres? As mulheres. Maria, sua mãe; Maria Madalena; Maria, irmã de Lázaro, e tantas outras que o haviam seguido estavam aos pés da cruz. A maioria dos discípulos fugira, amedrontada. Porém, depois que o mestre saiu do pretório romano, as mulheres estavam presentes a cada passo do seu martírio.

Falaremos mais adiante sobre Maria, sua mãe. Quero aqui mencionar Maria Madalena. Ela era provavelmente uma prostituta que se livrou de ser apedrejada porque Jesus a defendeu (*João 8:5*). Ele correu o risco de ser morto para protegê-la, mas fez isso porque para ele Maria Madalena era um ser humano único. Acolheu-a sem exigir nada em troca. Sua vida ganhou um novo significado quando passou a conhecê-lo. Aprendeu a amar as pessoas e, principalmente, a seu mestre.

Agora, ela assistia à sua morte. Madalena chorava aos prantos. Imagine a cena. Ela devia tentar se soltar da multidão e correr para abraçá-lo, mas muitos a seguravam. Sabia que Jesus era dócil e que vivia em função de cuidar das feridas da alma e do corpo das pessoas. Não admitia que aquele que educara sua emoção para ter sensibilidade estivesse morrendo de maneira tão insensível.

A angústia de Madalena fazia coro com o pranto das outras mulheres. Parecia um pesadelo que o poeta do amor fosse alvo do ódio e da arrogância. Parecia um delírio que alguém tão forte e inteligente morresse como o mais vil criminoso.

Jesus havia discursado sobre a transcendência da morte, mas as pessoas o queriam vivo naquele momento. Separar-se dele era apagar a centelha de esperança que sua existência tão breve acendera. O desespero das mulheres e da multidão ao redor abalava a estrutura emocional dos soldados romanos. Deviam se perguntar: "Quem é este homem tão amado?" Nunca um crucificado partiu o coração de pessoas de tantas origens.

## O amor torna as mulheres mais fortes

Os transtornos emocionais, como a depressão e a ansiedade, são mais frequentes nas mulheres. Os homens parecem mais sólidos emocionalmente, mais capazes de proteger-se do impacto dos estímulos estressantes.

Isso não é verdade! As mulheres apresentam mais transtornos

emocionais não por serem mais frágeis, mas porque possuem o campo de energia emocional mais dilatado que o dos homens. Essa característica se deve tanto à carga genética quanto, e principalmente, ao contexto social.

Como pesquisador do funcionamento da mente, gostaria de corrigir uma crença que existe há séculos. A crença de que as mulheres são mais frágeis do que os homens. As mulheres amam mais, são mais poéticas, mais sensíveis, se doam mais e vivem mais intensamente as dores dos outros do que os homens. Além disso, são mais éticas, causam muito menos transtornos sociais e cometem menos crimes. Por terem uma emoção mais rica, as mulheres são menos protegidas emocionalmente e por isso estão mais sujeitas a doenças emocionais.

As mulheres são, portanto, paradoxalmente mais frágeis e, ao mesmo tempo, mais fortes do que os homens. Elas adoecem mais no território da emoção porque navegam mais longe. Por isso, não tente entender as reações das mulheres. Muitos de seus comportamentos são incompreensíveis, ultrapassam os limites da lógica. Quem foi mais forte, os discípulos ou as mulheres que seguiam Jesus? Certamente as mulheres!

Elas estavam a alguns metros da cruz de Cristo, observando cada um de seus gemidos e cada gota de sangue vertida de seus punhos e pés. Somente o jovem João se encontrava lá. Os demais discípulos estavam recolhidos em suas casas, sufocados pelo medo, pela ansiedade e pelo sentimento de culpa.

Ao descrever a crucificação de Cristo, João não cita seu próprio nome, apenas se denomina como "o discípulo amado" (*João 19:26*). Ao discorrer sobre a crucificação de Jesus, ele e os demais autores dos evangelhos prestam uma homenagem às mulheres, citando-as nominalmente: Maria, mãe de Jesus; Maria Madalena; Maria, esposa de Clopas, e Salomé.

Por que as mulheres foram homenageadas? Porque elas aprenderam mais rápida e intensamente do que os discípulos a bela arte de amar. O amor as tornava fortes. O amor as tornava ousadas, mesmo diante do caos da morte. Quem cuida mais dos pais quando estão idosos e debilitados: as filhas ou os filhos? Normalmente são as filhas. Elas se doam mais, porque amam mais.

Um homem, Jesus, possuiu uma emoção mais forte e rica do que a das mulheres. Nunca se viu alguém com uma emoção tão sólida e amável como a dele. Jesus foi o mais excelente mestre da emoção.

Contemplar a morte de Jesus era um árduo desafio. A cena era chocante. Só pessoas fortes poderiam estar aos pés da sua cruz. Só o amor sólido era capaz de vencer o medo. Se seu amor não for sólido, você terá dificuldade para enfrentar determinados obstáculos e para estender a mão para os outros.

Há uma história verídica ocorrida na África. Uma mãe enfrentou um leão para salvar seu próprio filho. O amor dessa mulher a tornou mais forte do que a fúria de um animal feroz. O amor faz o ser humano ser capaz de superar os seus limites. Quando o amor é grande, não há obstáculo intransponível.

Enquanto Jesus aparecia para seus discípulos como o mais forte dos homens, eles disputavam entre si para decidir quem se assentaria à direita ou à esquerda do seu trono. Mas quando ele assumiu plenamente a condição humana e deixou de fazer milagres, os discípulos fugiram.

É fácil seguir um homem poderoso, mas quem se dispõe a seguir um homem frágil e debilitado? As mulheres se dispuseram. Elas passaram no teste do amor. Os homens foram reprovados. Temos de aprender com as mulheres a arte da sensibilidade. Felizmente, tenho quatro mulheres na minha vida, minha esposa e três filhas. Elas estão sempre cuidando de mim, corrigindo minha maneira de vestir, administrando meu tempo, me dando carinho e me ensinando a amar.

Nós somos rápidos para exigir e lentos para compreender. Jesus não condenou seus discípulos por terem-no abandonado, nem exigiu nada deles, apenas os compreendeu. Eles desistiram do seu mestre, mas o mestre não desistiu de nenhum deles. Que mestre é esse que ensina as mulheres a refinarem a arte de amar e que dá todas as chances para que os homens eduquem a sua emoção?

As mulheres passaram no teste do amor. Jesus era mais importante do que todo o ouro do mundo, mais importante do que o medo que pudessem sentir. Nas turbulências revelamos quem somos.

Da próxima vez que atravessar uma crise social, financeira ou emocional, não se esqueça de que você está sendo testado. Não reclame, não fuja, aprenda a navegar nas águas da emoção. Aprenda a amar as pessoas maravilhosas que estão ao seu lado. Elas valem mais do que todo o dinheiro do mundo.

## A SPA: o adoecimento coletivo

Os membros do sinédrio e da política romana ficavam incomodados com os comportamentos de Jesus. Um homem torturado e prestes a ser crucificado deveria ser parceiro do desespero e da agressividade. Mas a sensibilidade e a coragem habitavam na mesma alma.

A postura inabalável do mestre chocava seus inimigos. Eles o espancavam, mas ele os perdoava. Eles o odiavam, mas ele os amava. Eram intransigentes, mas ele mantinha-se sereno. O mundo estava agitado ao seu redor, mas ele, embora ficasse ansioso por alguns momentos, logo se reorganizava. Virtudes tão belas nunca foram encenadas de maneira tão admirável no palco da mente humana.

Tenho feito pesquisas sobre os níveis de estresse, ansiedade e sintomas psicossomáticos nas diversas profissões. A qualidade de vida dos seres modernos está debilitada. As pessoas têm sido vítimas da SPA* – a síndrome do pensamento acelerado. Ela não

---

* Cury, Augusto J. *Você é insubstituível*. Rio de Janeiro: Sextante, 2002.

é uma doença psiquiátrica em si, embora possa desencadeá-la. Ela representa um estilo de vida doentio.

A vida já tem suas complicações, e nossa mente agitada que não se desliga dos problemas a complica ainda mais. Quando descobri essa síndrome, percebi que ela é epidêmica. Atinge, em diferentes graus, a grande maioria das pessoas das sociedades modernas. Suas características são: pensamento acelerado, cansaço físico exagerado e inexplicável, irritação, déficit de concentração, déficit de memória, insatisfação, humor flutuante, etc.

Quem tem a SPA não para de pensar nos problemas que ainda não aconteceram. Tem mais prazer nos desafios do que nas conquistas. Nunca descansa sua emoção. Não suporta a rotina, pois não sabe extrair prazer das coisas simples da vida. A síndrome acomete frequentemente pessoas muito responsáveis, mas que não sabem desacelerar seus pensamentos. Vivem para pensar, em vez de pensar para viver.

Muitos colegas cientistas não perceberam que o mundo está mais violento não apenas porque temos tido falhas na educação escolar e familiar, mas também, e principalmente, porque o ritmo de construção dos pensamentos acelerou-se de um século para cá.

No passado, as pessoas pensavam em um ritmo mais lento, excitavam menos sua emoção, tinham o humor mais estável, eram menos ansiosas, agressivas e intolerantes às contrariedades. Hoje, não desligamos nossas mentes. Desligamos o carro, o computador e a televisão, mas não sabemos desligar a mente. Alguns sonham demais, outros têm insônia.

Pensar é um processo inevitável para o *homo sapiens*, ninguém consegue parar de pensar. Somos apenas capazes de desacelerar e administrar os pensamentos. Até a tentativa de parar de pensar já é um pensamento. Mas pensar excessivamente é um problema. Se você pensa demais, certamente gasta energia exagerada do seu cérebro e, consequentemente, sente uma fadiga excessiva.

Se o seu médico atribuir seu cansaço a anemia ou estresse, ele lhe prescreverá vitaminas. Se você se alimenta direito, não tem necessidade de vitaminas, e elas não o ajudarão, pois seu problema está no seu estilo de vida – você está com a síndrome do pensamento acelerado.

Quais as causas? Uma delas é a torrente de informações que a cada 10 anos dobra no mundo. Outras causas estão ligadas ao excesso de preocupações, problemas existenciais, atividades sociais e profissionais. As crianças estão com excesso de atividades, não têm mais tempo para brincar.

Uma criança de sete anos detém mais informações do que uma pessoa de 70 anos de cultura média. Uma memória abarrotada de informações frequentemente pouco úteis gera uma hiperaceleração de pensamentos e, consequentemente, a síndrome SPA. Por essa razão as crianças são inquietas e agitadas em sala de aula. Por isso também é difícil entrar no mundo delas e exercer alguma influência. Elas acham que entendem de tudo, apesar da pouquíssima experiência de vida. Confundem informações com experiência. Agora podemos entender por que as teorias educacionais e os manuais de comportamento deixaram de funcionar.

Na época de Cristo, sobreviver era uma arte. Existia fome, miséria, preconceitos e pressões políticas. Entretanto, as mentes eram menos agitadas, havia mais solidariedade, diálogo, afetividade entre as pessoas. Hoje, o mundo tornou-se doentio.

A paranoia da estética, a preocupação excessiva com cada grama e cada curva do corpo tem destruído a autoestima de milhões de pessoas, principalmente os adolescentes e as mulheres.

A paranoia de ser o número "um" gera uma competição predatória que tem consumido os melhores anos de vida de funcionários e executivos. A obsessão consumista faz inúmeras pessoas viverem em função de necessidades que não são prioritárias. Todas essas situações invadem a mente humana e estimulam excessivamente os fenômenos que leem a memória e constroem pensamentos,* gerando a SPA.

Os meios de comunicação tão importantes para a democracia e a liberdade de expressão acabam produzindo um efeito colateral pernicioso. Na época do Mestre da Vida, as pessoas raramente ficavam sabendo das notícias ruins que aconteciam num raio que ultrapassasse 20 ou 30 quilômetros de suas casas.

Atualmente, todos os dias as misérias dos vários continentes são trazidas a nós em questão de segundos. Os ataques terroristas, os massacres no Oriente, os conflitos entre judeus e palestinos penetram não apenas em nossas casas, mas também em nossas memórias.

O mundo está sério demais. O sorriso há muito tempo deixou de ser manchete. Foi substituído pelas misérias humanas. Por isso, neste livro minha ênfase não é dada à dor do Mestre da Vida, mas à sua capacidade de enfrentá-la, à sua capacidade magnífica de brilhar no caos, à sua motivação para amar as pessoas e viver na plenitude cada minuto, até o último suspiro existencial.

Você consegue ver além dos horizontes dos seus problemas e proclamar a plenos pulmões que vale a pena viver?

Devemos desligar um pouco a TV, fechar um pouco os jornais e voltar a fazer coisas simples: andar descalço na areia, cuidar de plantas, criar animais, fazer novos amigos, conversar com vizinhos, cumprimentar as pessoas com um sorriso, ler bons livros, meditar sobre a vida, expandir a espiritualidade, escrever poesias, rolar no tapete com as crianças, namorar nosso marido ou nossa mulher, rir de nossa seriedade, fazer do ambiente de trabalho um oásis de prazer e descontração.

Apareça de vez em quando vestido de palhaço para seus filhos ou para as crianças internadas nos hospitais. Dê um banho

---

* Cury, Augusto J. *O Mestre da Sensibilidade*. Rio de Janeiro: Sextante, 2006 (Coleção Análise da Inteligência de Cristo).

na SPA. Aquiete a sua mente, mude seu estilo de vida. Mude a sua agenda.

As pessoas gostam de conviver com você? Ainda que não tenha dinheiro, se for uma pessoa agradável, você é uma pessoa rica. Se for desagradável, ainda que milionária, será apenas suportável.

Aprenda com o Mestre da Vida a ter uma vida social e emocional riquíssima. Jesus era sociável, tinha inúmeros amigos, gostava de participar de festas, ia jantar na casa de pessoas que não conhecia (*Lucas 19:5*), tinha tempo para olhar as flores dos campos, andava na areia, abraçava as crianças, era um excelente contador de histórias, um exímio observador da natureza, falava dos mistérios da existência, usufruía as pequenas alegrias do cotidiano, fazia muito do pouco, exalava felicidade, emanava tranquilidade, fazia poesia de sua miséria. Jesus Cristo era tão agradável que as pessoas disputavam para ficar ao seu lado.

## *Uma infância saudável não garante uma personalidade saudável*

Você não precisa ter tido uma infância doentia para se tornar um adulto doente, como acreditavam alguns pensadores da psicologia. Basta ser vítima dos seus pensamentos negativos e não administrar as suas emoções tensas, pois os estímulos estressantes do mundo moderno são suficientes para causar-lhe transtornos psíquicos.

Como está seu estilo de vida? Será que você apazigua as águas da emoção com serenidade? Quando criança, talvez você fosse apaixonado pela vida e vivesse sorrindo sem grandes motivos. Mas, e agora? O tempo passou e hoje talvez você já não sorria com tanta frequência, ou precise de grandes motivações para se animar.

Uma das coisas que mais preocupavam Jesus era a saúde psíquica dos seus discípulos. Ele queria produzir homens livres e não dominados por preconceitos ou pensamentos negativos. Ao convidá-los para beber de uma água viva que emanava do seu interior, desejava que eles fossem felizes de dentro para fora. Ao encorajá-los a não serem ansiosos, estimulava-os a dominar a agitação emocional e os pensamentos antecipatórios.

É possível que você esteja tão ocupado que nem ache tempo para falar com a pessoa mais importante da sua vida: você mesmo. É provável até que cuide de todo mundo, mas tenha se esquecido de você. Se for assim, estará vivendo a pior solidão do mundo, a de ter-se abandonado. Você organiza seu escritório e sua casa, mas não se preocupa em debelar os focos de tensão em sua memória.

Será que, por causa da SPA, você não teria envelhecido no único lugar em que não é permitido envelhecer, no seu espírito e emoção? É preciso romper o cárcere da emoção. O destino é frequentemente uma questão de escolha. Opte por ser livre. O Mestre da Vida afirmou de várias maneiras que felicidade é uma questão de transformação interior, de treino emocional, e não um dom genético. Não se esqueça: muitos querem o pódio, mas desprezam a labuta dos treinos.

## *Os parâmetros da normalidade na psiquiatria*

Jesus não vivia a SPA. Não sofria por antecipação. Sabia quando e como iria morrer, mas governava seus pensamentos com incrível habilidade. Fez da sua capacidade de pensar uma arte. Tinha plena consciência de que, se não cuidasse da quantidade e da qualidade dos seus pensamentos, não sobreviveria. Sucumbiria pela ansiedade, pois muitos conspiravam contra ele.

Era tão consciente da necessidade de sermos líderes dos nossos pensamentos que inaugurou a psicologia preventiva quase dois mil anos antes de a psicologia moderna existir. Desejava que seus discípulos aquietassem seus pensamentos e não vivessem em função dos problemas que ainda não tinham ocorrido.

O que determina o que sentimos? Aquilo que pensamos. São os pensamentos que determinam a qualidade da sua emoção. Se você é uma pessoa que produz frequentemente pensamentos tensos e negativos, não espere ter uma emoção alegre e segura. Se não consegue diminuir a velocidade de construção dos seus pensamentos, não espere ter uma emoção tranquila.

Repito: o que você pensa determina o que você sente; o que você sente determina a qualidade do que registra em sua memória; o que você registra em sua memória determina os alicerces de sua personalidade.

Em psiquiatria, os limites entre o normal e o patológico (doente) são muito tênues. O que é uma pessoa psiquicamente normal ou doente? Antigamente muitos foram injustamente tachados de loucos, simplesmente porque fugiam aos padrões estabelecidos do comportamento social. Devemos respeitar a cultura, a religião, as características da personalidade e até os maneirismos dos outros. Se você não é capaz de respeitar as pessoas que o rodeiam porque elas são diferentes de você, então não será capaz de respeitar a si mesmo, pois não se perdoará quando falhar e perceber que não é perfeito.

Quais são os parâmetros seguros do que é normal e anormal na mente humana? Será que é impossível estabelecer parâmetros universais para definir a sanidade psíquica? Parâmetros que independam dos ditames da cultura? Sim, embora com limites. Esses parâmetros derivam das características mais nobres da inteligência e sustentam a preservação da vida e a paz intra e extrapsíquica: a tolerância, a solidariedade, a amabilidade, a inclusão, a flexibilidade, a sensibilidade, a tranquilidade nas dificuldades, a segurança nos objetivos, o respeito pelas diferenças culturais, a capacidade de se colocar no lugar dos outros e perceber suas dores e necessidades, a capacidade de superação das perdas e frustrações.

Se aceitarmos tais parâmetros como sinais de sanidade psíquica, então confirmaremos que o Mestre da Vida atingiu o apogeu da saúde emocional e intelectual. Ele viveu na plenitude todas essas características.

Jesus provavelmente foi o único que teve a capacidade de chamar um traidor – Judas – de amigo e dar-lhe uma oportunidade preciosa para que reformulasse sua biografia no ato da traição. Foi o único que desculpou homens indesculpáveis enquanto agonizava. Foi único que abriu todas as janelas de sua mente quando só era possível reagir por instinto animal. Ele falou palavras inefáveis, apesar de sua boca estar edemaciada e sangrando.

CAPÍTULO 6

# A 1ª hora: cuidando de seu Pai e perdoando homens indesculpáveis

*Um homem que fez poesia no auge da dor*

Um dia, o poeta Ferreira Gullar disse numa entrevista que a dor física é paralisante, ela tolhe a inspiração. Ele tem razão. Não é possível produzir ideias brilhantes quando o corpo é submetido à dor física, pois os instintos prevalecem sobre a capacidade de pensar.

A dor emocional pode ser criativa quando a tristeza e a ansiedade não são intensas. Nesse caso, a criatividade se expressa em um texto filosófico, uma poesia, uma obra de arte, tornando-se uma tentativa intelectual de superação. A mente cria para superar a dor e arejar a emoção. Quem não cria na dor represa sua emoção.

Se a dor emocional ou a ansiedade forem intensas, fecha-se o território de leitura da memória e aborta-se a capacidade de pensar. Por isso, raramente alguém escreve livros ou produz qualquer outra arte se estiver numa profunda crise depressiva. Vários filósofos e pensadores das ciências brilharam no mundo das ideias quando estavam angustiados, mas travaram a inteligência durante a depressão.

Um poeta pode ser criativo quando sua dor emocional é mediana, mas fica estéril quando a dor é física. Não espere um raciocínio profundo de alguém que está com as raízes nervosas afetadas.

Vamos analisar o início da crucificação de Jesus. Será que ainda desta vez ele nos surpreenderá? Pode-se esperar dele algo além do desespero, de gritos de dor? Do ponto de vista psicológico, é humanamente impossível produzir pensamentos altruístas pregado numa cruz. Contudo, este homem volta a abalar os alicerces da psicologia. Crucificado, ele foi poético, afetivo, profundo e solidário. No ápice da dor física e emocional, o Mestre da Vida produziu as mais belas poesias da solidariedade.

Tratei de diversos pacientes do mais alto nível cultural, dei treinamento para psicólogos e fiz conferências para milhares de educadores, executivos, médicos e outros profissionais, mas nunca observei alguém com características de personalidade próximas às do Mestre dos Mestres. Há um mundo belo e complexo que pulsa dentro de cada pessoa, mas a alma do mestre de Nazaré não era simplesmente bela, mas inexprimível e encantadora.

Se os seres humanos fossem contagiados pela grandeza da sua humanidade, haveria mais felicidade e menos tristeza em nosso belo planeta. A disputa sangrenta por alguns acres de terra e os conflitos entre as religiões seriam eliminados. O perfume da solidariedade circularia entre os povos.

O Mestre da Vida pertence não a um grupo de pessoas ou a uma religião, mas à totalidade dos seres humanos. Embora muitos cristãos pensem que Jesus só veio para eles, o mestre veio para todos os povos. Todos são dignos de conhecer e amar o poeta do amor. O apóstolo Paulo criticou a atitude sectária de alguns que afirmavam ter o monopólio de Cristo e excluíam os demais (*I Coríntios 1:12*).

Ele veio para os judeus, para os budistas, para os hinduístas, para as tribos africanas, para os ateus. Maomé exalta Jesus no Alcorão. Veio também para os árabes. No seu plano transcendental não há distinção de cor, raça, religião ou cultura.

## *Proferindo oito frases e um brado na cruz.*
## *As seis horas mais importantes da história*

Durante sua vida Jesus nos deixou perplexos, e no momento da morte, atônitos. Livre, proferiu palavras que não cabiam no imaginário humano; crucificado, pronunciou frases que não constam do dicionário dos mais nobres humanistas.

Qualquer pessoa que deseje compreender mais profundamente os fenômenos existenciais e desenvolver as funções mais importantes da inteligência, na qual se incluem a educação da emoção, a arte de pensar e a arte de expor em vez de impor as ideias, deve dedicar-se a compreender os últimos momentos de Jesus Cristo.

Ele foi crucificado na hora terceira do dia (*Marcos 15:25*). Como o dia dos judeus começava às seis da manhã, a terceira hora corresponde às nove da manhã de hoje. Foram seis horas de mistérios, das nove da manhã às três da tarde. Nunca uma manhã foi tão dramática nem uma tarde foi tão aflitiva.

Nessas seis horas, ele proferiu oito frases e deu um grito final. Estudaremos cada uma dessas frases e suas implicações. Quatro delas foram proferidas nas primeiras três horas, e as demais, próximo à última batida do seu coração.

Foi a primeira vez em que se descreveu um Pai que amava intensamente seu filho, vendo-o morrer lentamente, sem fazer nada. O Pai tinha todo o poder do mundo para resgatar Jesus, mas silenciou. O filho pediu ao Pai para não intervir. Que mistério está por trás desse imenso cenário? Vale a pena imergir nessa análise, ainda que haja muitos limites para fazê-la.

## A 1ª frase: "Pai, perdoa-os porque eles não sabem o que fazem..."

Jesus estava no centro, crucificado entre dois criminosos. Não cometera injustiça, mas lhe deram lugar de destaque.

Os minutos iniciais de um trauma são os mais dolorosos. O primeiro ladrão devia suar frio, manifestar desespero e gritar rogando: "Não! Não façam isso comigo! Pelo amor de Deus, me soltem!" Todas as suas células reagiam instintivamente, procurando preservar a vida.

Ele lutava desesperadamente para viver. Os soldados o espancavam e o continham. Sem obter clemência, sua emoção foi invadida pelo terror. Odiou os soldados, a vida e o mundo. Chorava e esbravejava sem parar. Não era mais um homem na cruz, mas um animal enraivecido. Ao ser levantado e fixado de pé, tentava se despregar. Quanto mais se movia, mais os pregos roçavam as raízes nervosas dos punhos e dos pés, causando uma dor insuportável. O anestésico romano que havia ingerido aliviava, mas não extirpava a dor.

Chegou a vez de Jesus. Vários soldados o agarraram, com a intenção de contê-lo, mas não foi necessário. Sofria como qualquer mortal, mas não tinha medo da dor.

Os soldados não entendiam as suas reações. O coração de Jesus estava acelerado, ele suava bastante e ofegava. Mas governava seu corpo como um maestro rege uma orquestra, resgatando a liderança do eu e conservando sua lucidez segundo após segundo.

Os soldados posicionaram o prego em seu punho, levantaram o martelo e de uma só vez cravaram-no no madeiro. O Mestre do Amor gemeu de dor, mas não odiou seus agressores nem a vida. Os soldados devem ter ficado estarrecidos. Aquele homem sofria sem gritar, não se debatia nem se esquivava. Nunca foi tão fácil crucificar alguém. Desse modo crucificaram o único ser humano que sabia quando e como iria morrer e que antevira que as ferramentas com que sempre havia trabalhado seriam os instrumentos de sua morte.

## Uma frase inigualável

Os gemidos de Jesus eram intensos, mas silenciosos. Nenhum dos seus biógrafos relatou desespero. Descreveram que sua alma estava profundamente angustiada na noite em que foi preso, mas na cruz ninguém relatou o que se esperaria – uma ansiedade imensa e incontrolável.

Parecia que, depois de se preparar para tomar seu cálice, ele também tinha se preparado, com incrível habilidade, para enfrentar seu caos. A respiração estava ofegante; o corpo, trêmulo de dor, procurava constantemente uma posição que lhe trouxesse um pouco mais de conforto, apoiando-se nos pés. Mas não havia zona de conforto, qualquer posição era insuportável.

Na primeira hora da cruz era impossível pensar, raciocinar ou produzir qualquer ideia inteligente, muito menos afetiva. Porém, quando todos esperavam que no ápice da sua dor a lucidez de Jesus fosse abolida, ele enche os pulmões e proclama: *"Pai, perdoa-os porque eles não sabem o que fazem"* (*Lucas 23:34*).

O Mestre da Vida deveria estar confuso pelo estresse pós-traumático, mas se encontrava plenamente consciente. Analisei inúmeras vezes essa frase e concluí que ela foge completamente à lógica intelectual.

Algumas pessoas são especialistas em conquistar inimigos. Por não serem flexíveis e por almejarem que o mundo gravite em torno de suas verdades, estão sempre criando problemas com os outros. Outras são mais sociáveis, mas perdem completamente a gentileza quando estão estressadas ou frustradas. Às vezes se controlam com os de fora, mas são agressivas e intolerantes com seus familiares.

Na história, a tônica sempre foi excluir os inimigos. Aos amigos, a tolerância; aos inimigos, o desprezo e o ódio. Entretanto, houve um homem cujas reações estavam completamente na contramão da história. Jesus Cristo enxergava o ser humano, mesmo seus inimigos, além da cortina dos seus comportamentos. No ápice da dor, ele ainda conseguia compreendê-los, tolerá-los e incluí-los.

Quem poderia imaginar um personagem como ele? Nem a filosofia, em seus delírios utópicos, conseguiu idealizar um homem como o Mestre dos Mestres.

### *Oito grandes implicações da 1ª frase de Cristo*

Os textos são claros. Jesus disse uma das suas mais célebres frases, talvez a maior delas, no auge da dor, na primeira hora da sua crucificação.

Ao clamar *"Pai, perdoa-os porque eles não sabem o que fazem"*, ele resumiu em poucas palavras a sua grande missão, o seu projeto transcendental e as entranhas do seu ser. Esse pensamento é de tal forma elevado e possui tantas vertentes que, como disse, é impossível entendê-lo plenamente.

Essa frase preparou o caminho para que, nos últimos minutos de vida, Jesus produzisse um outro pensamento ainda mais incompreensível. Jesus volta-se agoniado para Deus e pergunta por que Ele o abandonou. Examinaremos todos esses pensamentos detalhadamente.

Vou abordar resumidamente as implicações da primeira frase do mestre. Elas são algumas das pedras preciosas mais importantes que garimpei na história do homem Jesus.

### *Primeira: os bastidores da cruz*

Ao dizer a palavra "Pai" na primeira frase, Jesus indica que, além do cenário exterior, como a trave de madeira, o seu sangramento, os soldados, a multidão, existiam eventos ímpares por trás do cenário.

Ao fazer o pedido a seu Pai ("*Pai, perdoa-os*"), Jesus revelou que para ele o principal espectador do seu caos era um personagem invisível. Ele enxergava um filme que ninguém mais via. Neste filme, seu Pai era o ator principal. Ninguém conseguia entender o que se passava na mente do crucificado.

Havia milhares de pessoas aglomeradas assistindo ao espetáculo da sua morte. Lá estavam também alguns fariseus, escribas e sacerdotes acompanhando seus últimos momentos. Eles o provocavam, desafiando seu poder.

Jesus estava debilitado, mas parecia que sua mente e seu espírito permaneciam concentrados em seu Pai. Encontrava energia por trás do cenário. A multidão estava profundamente angustiada, mas havia alguém nos bastidores que reagia e sofria mais do que toda a plateia visível. Que mistério é este?

## *Segunda: o Pai não era um delírio produzido pelo estresse*

Quem é Deus? Por que se esconde e não mostra claramente a sua face? Ele criou bilhões de galáxias com milhões de planetas e estrelas. O universo é imenso, mas nossas dúvidas sobre o Autor da existência são ainda maiores.

Muitos creem em Deus com facilidade. O mundo, com todos os seus fenômenos, é uma obra espetacular que revela a grandeza divina. Para os que creem, Deus assina essa obra quando as flores se abrem na primavera, quando as nuvens vestem o céu e derramam água para irrigar a terra, quando os pássaros alimentam seus filhotes sem nunca esquecer a direção dos ninhos, quando uma mãe abraça os filhos e os ama, mesmo que eles errem e a frustrem muito.

Outros têm dificuldade de crer em Deus. Mergulham suas ideias num mar de dúvidas e indagações. Alguns se posicionam como ateus e, ao fazê-lo, se posicionam como deuses. Por quê? Porque, embora não conheçam todos os fenômenos do universo, não entendam os limites da relação tempo-espaço e nunca tenham participado dos eventos fora do parêntese do tempo, afirmam categoricamente que Deus não existe. Dessa forma, eles se fazem de deuses, pois só um deus pode ter tal convicção.

Já fui assim. Para mim, Deus era fruto de nossa imaginação. Hoje, conhecendo o funcionamento da mente humana e analisando os detalhes da personalidade de Jesus Cristo, penso que crer em Deus é um ato inteligentíssimo. Todos os povos ansiaram por encontrar Deus não como sinal de fraqueza, mas para refinar uma das inteligências que, apesar de ter sido sempre desprezada pelas ciências, é das mais importantes da humanidade: a inteligência espiritual.

A inteligência espiritual é respaldada na crença em Deus e serve para nutrir a esperança de um dia resgatarmos a identidade da nossa personalidade quando a morte destruir de maneira irreversível a colcha de retalhos da memória que sustenta a construção de pensamentos e a consciência de quem somos. A análise que faço aqui é psicológica. Os caminhos que dependem da fé devem ser trilhados segundo a consciência de cada leitor.

O Mestre da Vida sempre discorreu sobre a continuação do espetáculo da vida. Sempre colocou a existência de Deus como um fato consumado. Era tão ousado e seguro que dizia claramente que o Criador do universo era seu próprio Pai (*Mateus 11:27*). Ele estava delirando quando afirmou isso? Não!

Ninguém pode acusá-lo de delírio, nem antes nem durante o terror da cruz, pois ele exalou, como nenhum outro homem, o perfume da sabedoria, da humildade, da inclusão e do respeito. Jesus sempre foi coerente em suas ideias. Afirmou, não só quando estava livre, mas também quando todas as suas células morriam, que tinha um Pai. Esse fato dá uma credibilidade sem precedentes às palavras ditas antes de morrer.

Quando Jesus falava sobre Deus e sobre a relação que mantinha com Ele, não deixava margem para dúvidas. Suas convicções eram sólidas (*Lucas 10:21*). Para Cristo, o universo, com milhões de eventos, fenômenos e princípios físicos e metafísicos, não surgira por acaso. Era obra de um grande Criador. Ele fica nos bastidores de sua criação, sem ostentar e alardear seus feitos. Esse Criador almeja ser encontrado pelos que conhecem a linguagem do coração.

O universo é uma caixa de mistérios. A cada geração o compreendemos de maneira diferente. As verdades científicas de hoje deixam de ser certezas e assumem outras roupagens com as novas descobertas. Você não acha sua vida um mistério? O tecido íntimo da sua alma esconde inumeráveis segredos que nem você mesmo compreende. De fato, eu, você e o universo somos misteriosos.

Se o universo é uma caixa de segredos, imagine como não deve ser misterioso o seu Autor. Se o seu Autor é misterioso, imagine como não é misterioso o fato de este Autor ter um filho. Só não consegue ficar perplexo com as biografias de Jesus quem nunca abriu as janelas da mente e do espírito para compreendê-las.

Jesus e seu Pai continuam sendo um grande enigma para teólogos e cientistas. Conhecemos apenas a ponta do grande iceberg da relação entre ambos. Deus criou um universo que nos deixa boquiabertos. Ele é detalhista para criar as gotas de orvalho e poderoso para criar no espaço os buracos negros que destroem planetas inteiros.

Embora o Criador seja tão grande em poder e imenso em sabedoria, seu filho agoniza na cruz. Quem pode desvendar esse mistério? Quais os fundamentos do amor que fizeram ambos se sacrificarem de maneira insuportável por uma humanidade destituída de sensibilidade?

Qualquer pai entraria em desespero ao ver seu filho sangrando e sofrendo. Na multidão que se aglomerava havia lágrimas,

mas nos bastidores da cruz havia soluços inaudíveis. Um personagem invisível sofria desconsoladamente por seu filho. Deus estava chorando.

### Terceira: um relacionamento íntimo entre o filho e o Pai

A terceira implicação da primeira frase de Jesus refere-se ao seu relacionamento íntimo com o Pai. As reações inteligentes que teve durante seu martírio foram tão fascinantes que nos dão a impressão de que havia alguém de fora sustentando-o.

O carpinteiro de Nazaré tinha trânsito livre com o Autor da vida. Jesus era eloquente, seguro, sábio, enfrentava sem medo o mundo e a morte. A relação com seu Pai o sustentava. É difícil a psicologia interpretar a relação entre o Pai, Deus, e seu filho, Jesus, porque dispomos de poucos elementos. Mas o pouco que podemos avançar é fascinante.

Jesus gostava de ser pesquisado. Algumas vezes até instigava as pessoas a fazer isso. Certa vez, perguntou: *"O que diz o povo que eu sou?..."* (*Marcos 8:27*); outra vez questionou os discípulos: *"E vós, quem dizeis que eu sou?"* (*Lucas 9:20*). Ele não queria seguidores cegos, mas pessoas que o conhecessem e que, por conhecê-lo, o amassem.

Você gosta que as pessoas procurem saber quem você é, ou se considera intocável? Você tem coragem de perguntar para seus filhos, amigos e colegas de trabalho o que pensam a seu respeito? Quem não nos conhece profundamente não tem condições de manter uma relação íntima e afetiva conosco. O amor não é cultivado em terreno intacto, mas em solo explorado.

Veja os segredos que norteavam a relação de Deus com seu filho. O Pai era invisível, o filho era visível. Um procurava agradar o outro. O filho elogiava constantemente o Pai, o Pai dizia que Jesus era seu filho amado (*Mateus 3:17*). Quem pode desvendar as tramas dessa relação tão complexa e esplêndida?

O diálogo entre o Pai e o filho nos bastidores da cruz beira o inimaginável. Jesus deve ter produzido inúmeros diálogos com seu Pai, mas apenas alguns foram pronunciados e registrados. Pai e filho eram unidos e se amavam profundamente. Um se preocupava constantemente com o outro, um procurava agradar o outro. Jamais se viu uma relação tão afetuosa!

O Pai estava nos bastidores do teatro da vida, o filho, no palco. Ninguém viu o Pai, mas o filho o revelou (*João 1:17,18*). Esperávamos que o filho revelasse claramente o Autor da vida e resolvesse nossas dúvidas sobre os mistérios da existência, mas continuamos confusos. Por quê? Porque o filho possui características de personalidade que fogem aos limites da lógica humana.

O filho poderia querer ter vassalos e serviçais, mas preferiu o aconchego dos animais. Poderia desejar ser o mais famoso intelectual, fundar a mais brilhante escola de pensamento, mas preferiu entalhar madeiras e, mais tarde, juntar-se a um bando de pescadores.

Agora, no alto do Calvário, mais uma vez, ele confunde nossas mentes. Era de se esperar que, pregado na cruz, ele odiasse seus carrascos e desejasse exterminá-los. Contudo, para nosso espanto, ele reúne suas parcas forças para defendê-los. Diz "*Pai, perdoa-os...*". Como isso é possível?

"Perdoa-os" por quê? Que motivo ele tinha para perdoá-los? Quem é esse homem que, mesmo esmagado pela dor, consegue amar?

*Quarta: as limitações do Todo-Poderoso –*
*a loucura do amor*

Deus é onipresente. O tempo para ele não existe. Está em todo tempo e em todo lugar. É o alfa e o ômega, está nas duas pontas do tempo, no começo e no fim (*Apocalipse 22:13*). Nossa frágil mente não consegue imaginar sua grandeza. Embora o tempo não exista para Ele, quando seu filho morreu o tempo parou pela primeira vez.

Deus também é onisciente. Tem consciência instantânea de milhões de eventos e fenômenos. Somos intelectualmente limitados, construímos um pensamento de cada vez e nos concentramos num evento por vez. Mas o Deus descrito nas Escrituras é ilimitado. Contudo, ao ver seu filho morrendo, ele provavelmente se esqueceu do universo e concentrou toda a sua energia nos sofrimentos de Cristo.

Deus também é onipotente. Sua natureza é eterna e incriada. Seu poder não tem limites. Faz tudo o que quer, de acordo com sua vontade. Todavia, embora seu poder não tenha limites, experimentou uma limitação jamais vivida. Tinha todo o poder para salvar seu filho, mas não o fez. Por quê?

O filho se dispôs a morrer pela humanidade. Na cruz, ele redimiu a humanidade, para que os seres humanos tivessem acesso à vida eterna. Por que Pai e filho não arquitetaram um plano que exigisse menos sacrifício dos dois? Por que sofreram até o limite do inimaginável? Não há explicação científica para isso. O amor é ilógico.

Se alguém que você ama estiver sofrendo, talvez você cometa loucuras de amor para salvá-lo. Quando analisar a dor de Maria e a preocupação de Jesus com ela, contarei uma experiência na qual uma de minhas filhas correu risco de morte. Assisti à cena e vivi o ápice do desespero. Pude entender um pouco a dimensão incompreensível do mundo do amor.

O amor é o único sentimento que nos leva a esquecer de nós mesmos e nos doar sem medida. A psicologia ainda engatinha na compreensão do território da emoção, um território que nos difere dos computadores e de qualquer máquina que possamos inventar. A matemática da emoção faz de nós uma espécie única.

Deus tem lágrimas? Não sabemos. Mas certamente chorou muito. O tempo parou e o universo ficou pequeno. Foi a primeira vez na história em que um Pai, apesar de todo o seu poder, viu um filho morrendo e não pôde fazer nada por ele.

Quem estava sofrendo mais: o filho ou o Pai? Pense nisso! É difícil responder. Não há pior sofrimento para um Pai do que ver seu filho morrer, sobretudo de forma tão sofrida. E não há dor pior do que morrer numa cruz, principalmente mantendo a lucidez e expressando ternura. Pai e filho se contorciam de amor e dor.

Nunca a espécie humana foi amada coletivamente de maneira tão intensa. Se homens e mulheres se amassem desse modo, as lágrimas de dor cessariam e as da solidariedade irrigariam os solos do mundo.

Poderia haver muitos outros caminhos para o Autor da vida e seu filho resgatarem a humanidade? Tenho limitações para dizer, mas é possível afirmar que, para justificar a humanidade, eles escolheram a mais sublime forma de amor.

Nunca um ser humano foi tão especial, apesar de suas falhas e fracassos.

## *Quinta: controlando os instintos e abrindo as janelas da mente*

Permita-me imaginar o complexo cenário que estava ocorrendo nos bastidores da cruz. Peço ao leitor que me desculpe se houver falhas nesta análise, pois me sinto um pequeno pensador diante do infinito.

O Pai via Jesus morrendo, cada gemido calando fundo em sua alma. Então, de repente, foi como se não aguentando mais aquela dor Ele dissesse: "Filho, o que os homens fizeram com você? Eu o amo intensamente e não suporto mais vê-lo sofrer. Esses homens chegaram às últimas consequências da injustiça ao crucificá-lo. Nós amamos a humanidade, mas seu cálice é amargo demais. Vou terminar seus sofrimentos. Vou julgar seus carrascos e toda a humanidade."

Então, o filho, no meio de sua intensa dor, talvez tenha dito algo de uma beleza extraordinária: "Pai, você os ama. Não se importe comigo, não os condene. Eu clamo por eles. Esqueça minha dor. Não sofra por mim."

Jesus cuidara de Judas, de Pedro e da multidão que chorava à sua passagem em direção ao Calvário. Agora, o mais dócil dos filhos cuida de seu Pai.

As gotas de sangue vertiam do seu corpo e ficava cada vez mais difícil respirar. Sua face contraía-se constantemente refletindo a impossibilidade de preservar a serenidade.

Talvez, ao ver a agonia do filho intensificar-se, o Pai tenha resolvido intervir. Quando o filho percebe a intenção do Pai, entra em desespero. Enche os pulmões e verbaliza seu pensamento de forma imperativa, procurando abrandar a dor de seu Pai e defender a humanidade: "*Pai, perdoa-os porque eles não sabem o que fazem.*"

Em seguida, Jesus recolhe-se dentro de si e, talvez chorando, tenha acrescentado silenciosamente: "Toma-me como sacrifício pela humanidade. Eu a amo e morro por ela!"

O filho interrompeu a ação do Pai. Assumiu a condição de cordeiro de Deus que redime o mundo de suas injustiças. Era tudo o que o Todo-Poderoso queria ouvir. O amor do filho limitou a ação de Deus, mas, ao invés de diminuí-los, os fez inimaginavelmente maiores. Desse modo, o filho sustentava o Pai e o Pai sustentava o filho. Ambos foram nutridos pelo amor mútuo enquanto eram moídos pelas transgressões humanas.

Só o amor é capaz de levar-nos a praticar atos inesquecíveis. Você pode ser um brilhante pensador, mas se não tiver amor seus atos serão como o bronze, que retine mas não tem vida. O amor tudo desculpa, tudo espera, tudo suporta, jamais desiste, pois dá todas as chances para começar tudo de novo (*I Coríntios 13:7*).

*Sexta: as lições de complacência com homens intolerantes*

O Mestre da Vida foi honrado como ninguém e humilhado como poucos. Sua inteligência ultrapassava a dos pensadores, mas sua humildade era mais refinada do que a do mais desconhecido de sua sociedade. Era sólido emocionalmente, mas soube chorar e confessar sua angústia. Quando abandonado, não reclamou, pois compreendia o movimento dos seus discípulos e sabia fazer da solidão um convite para a reflexão.

Jesus viveu a glória dos reis e o anonimato dos miseráveis. Somente uma pessoa tão despojada, amável e altruísta poderia interceder por aqueles que o trataram sem qualquer complacência. Que homem é esse que não excluiu ninguém?

Suas energias deveriam estar totalmente concentradas na sua dor e na preservação da sua vida, mas ele as deslocava para os que o cercavam, pois tinha uma habilidade incomum de pensar nos outros, e não em si mesmo.

*Sétima: olhando além da cortina do sistema social*

Jesus desculpou homens indesculpáveis. Por quê? Qual foi o segredo que ele usou para perdoar? Durante anos tenho ouvido meus pacientes falarem da dificuldade de perdoar aqueles que os feriram. Tentam, mas nem sempre conseguem. Diversas vezes procurei ajudá-los, mas muitos falharam.

Alguns jamais esquecem as mágoas causadas por seus pais, professores, amigos de infância, vizinhos, colegas de trabalho. Carregam cicatrizes profundas na memória. Convenci-me de que perdoar não é fácil. Entretanto, quando comecei a estudar detalhadamente a primeira frase de Jesus na cruz, meus olhos se abriram.

O segredo para perdoar é compreender. Não se esforce para perdoar quem o magoou, empregue sua energia em compreendê-lo. Se compreender as fragilidades, insegurança, infelicidade, reações inconscientes dele, você naturalmente o perdoará. Para perdoar os outros também é necessário compreender nossas próprias limitações e ter consciência de que estamos sujeitos a muitos erros. Quando nos damos conta da nossa própria fragilidade, quando nos debruçamos sobre a história e os problemas dos que nos cercam, fica muito mais fácil perdoar e reformular a imagem inconsciente daqueles que nos feriram.

Embora Jesus estivesse pedindo a Deus para perdoar seus agressores, o que havia de pior na espécie humana estava representado pelos soldados e pelos homens que zombavam dele aos pés da cruz. Para perdoá-los, o mestre teve de ir longe demais em seu raciocínio.

Aonde ele foi? A um território que poucos filósofos percorreram. Foi além do horizonte dos comportamentos dos seus inimigos e viu que o sistema social estava entorpecendo a capacidade deles de pensar e de serem verdadeiramente livres para decidir.

Como excelente conhecedor da psicologia e da filosofia, compreendeu que os homens que o julgaram e crucificaram estavam anestesiados pelo sistema social, religioso e político. Anestesiados por uma droga mais potente do que aquela que queriam lhe dar para amenizar seus sofrimentos.

A droga química encarcera a emoção. A droga do sistema entorpece a alma, produz um cárcere imperceptível. Os atos terroristas e as violências urbanas são provocados quando o sistema social ou uma ideologia aprisiona a alma e não dá valor à vida.

Não pense que a droga do sistema sociopolítico não nos entorpece. Quando gastamos horas e horas ouvindo os personagens da TV, mas não gastamos minutos conversando com nossos filhos, estamos entorpecidos pelo sistema. Será que nos damos conta do que estamos fazendo quando lutamos para dar o mundo para nossos jovens mas nos esquecemos de lhes dar nossa história de vida e o nosso tempo?

Quando trabalhamos obsessivamente, quando nosso interesse se concentra no dinheiro, quando apenas agimos sem refletir mais profundamente sobre o sentido da vida, estamos drogados pelo sistema. O tempo entre nascer e fechar definitivamente os olhos é muito curto. Será que a brevidade da vida não é capaz de nos convidar a marcar um encontro com a sabedoria?

Os religiosos que julgaram Jesus acreditavam que estavam prestando culto a Deus. Por outro lado, os soldados que o crucificaram achavam que estavam prestando um serviço ao Império Romano. As atitudes de ambos eram aparentemente corretas, mas eles não tinham consciência de que elas eram controladas pelo sistema. Pensavam, mas sem liberdade, absolutamente condicionados.

Seja livre para pensar. Procure questionar o fundamento das suas atitudes. Às vezes, com a intenção de agradar a Deus, você pode estar cometendo atos absurdos, desumanos. Em nome da defesa da moral ou da ética social, você pode estar destruindo pessoas.

Jesus conseguiu, no auge de sua dor, desculpar homens indesculpáveis, pois compreendeu o papel do sistema no processo de construção dos pensamentos e na confecção das reações humanas. Para ele, os soldados não sabiam o que faziam quando cumpriam a sentença de Pilatos, nem os fariseus, quando o ridicularizavam.

Se ele foi capaz de perdoar tais homens, haverá limites para sua capacidade de perdoar? Que homem é esse que não dá tréguas ao amor?

## Oitava: a arte do perdão como refrigério para a alma

Chegamos à última implicação da primeira frase de Jesus na cruz. Há outras, mas pararei por aqui. Sua capacidade de perdoar era um refrigério para a sua alma e o tornava o mais leve dos homens.

Quando pediu ao Pai para perdoar seus inimigos, ele já os havia perdoado. Ninguém tinha qualquer dívida com ele.

Jesus cancelou todo o ódio por seus agressores. Rasgou a "duplicata" da arrogância, prepotência e orgulho dos homens que o feriram. Nós muitas vezes abandonamos aqueles que nos magoam, mas ele jamais os abandona. Todos estão aptos a ser seus amigos.

Excelentes relacionamentos entre amigos, colegas de trabalho e casais terminam muitas vezes porque as pessoas não sabem tolerar e superar pequenos defeitos umas das outras. Quando uma das pessoas é hipersensível, não consegue administrar o impacto que lhe causam as críticas ou atitudes do parceiro.

Perdão e compreensão não são atributos dos fracos, mas ingredientes universais para o sucesso das relações interpessoais, seja entre intelectuais ou membros de tribos primitivas. Sem a psicologia do perdão, as pessoas que nos decepcionam vão se transformando em "monstros" no solo de nosso inconsciente. Se essa imagem "monstruosa" não for contida e administrada, será capaz de controlar nosso encanto pela vida, nosso desempenho social e intelectual.

Já afirmei que a maior vingança contra um inimigo é perdoá-lo. Se compreendê-lo, você o perdoa. Se o perdoa, ele morre dentro de você e renasce não mais como inimigo. Caso contrário, ele dormirá com você, roubará seu sono, comerá com você e destruirá seu apetite.

Jesus era uma pessoa flexível. Se alguém bloqueasse a porta de entrada, em vez de gastar energia com o confronto, ele procurava as janelas. Quanto mais lhe fechavam a porta de entrada, mais ele abria as janelas do fundo. Você procura as janelas ou opta sempre pelo confronto? Gaste menos energia, é mais fácil abrir as janelas. Comece por abrir as janelas de sua mente.

O mais excelente mestre da emoção morreu sem guardar mágoas de ninguém. Pode-se inferir que nem mesmo tinha cicatrizes inconscientes na memória. Ele foi de fato o mais livre dos seres humanos.

Todos os meus elogios ao Mestre da Vida nos livros desta coleção são tímidos. Tentei diversas vezes criticar seus comportamentos, mas ele é incriticável. Desafio os demais cientistas a analisá-lo. Contudo, quero avisá-los: esse homem contagia nossa emoção.

## Uma incrível história de amor

Há uma passagem na biografia de Jesus que sintetiza a incrível história do amor de Deus pela humanidade. Ela diz: *"Porque Deus amou a humanidade de tal maneira que deu seu único filho, para que todo aquele que nele crê não pereça, mas tenha a vida eterna"* (*João 3:16*). Vamos deixar de lado o aspecto religioso e nos ater ao conteúdo jurídico e psicológico dessa passagem. Ela parece de fácil compreensão, mas reúne complexidade e generosidade.

Quando você tem dinheiro, o banco não o perturba; mas se está em débito, você se torna inesquecível. Toda a dívida do ser humano perante Deus é cancelada num momento. Todos os processos jurídicos são arquivados imediatamente pelo ato de Cristo na cruz. Nossas falhas imensas e contínuas são aniquiladas pelo ato de um homem. Nunca foi tão fácil ter acesso à eternidade.

Pagamos caro um plano de saúde, mas Deus oferece gratuitamente a vida eterna. O Autor da vida e seu único filho nos oferecem uma vida feliz, inesgotável, sem nada cobrar. Esse é o melhor negócio do mundo.

Nenhuma perfeição é exigida de nós, apenas compreensão e compaixão, pois a exigência da perfeição recaiu sobre Jesus. Nenhum sacrifício é solicitado, pois o Pai e o filho já se sacrificaram ao máximo pela humanidade. Eles plantaram o trigo, cultivaram-no, colheram as sementes, moeram-nas, assaram o pão e agora o oferecem, generosamente, sem nenhum esforço. É necessário apenas que tenhamos apetite e abramos a boca.

Pai e filho trabalharam para aniquilar nossos sentimentos de culpa, as cicatrizes em nossas memórias, as zonas de tensão em nosso inconsciente e, além disso, nos imergem numa esfera de prazer inesgotável.

A cruz foi a prova solene do amor de Deus. Para nós, seres temporais, a morte e os sofrimentos são vistos como coisas monstruosas. Mas, para Deus, morte e sofrimento são apenas uma gota na perspectiva da eternidade. Deus teve a coragem de ver seu filho agonizar numa cruz. Ninguém poderá jamais acusar Deus de não amar as suas criaturas.

Há dois tipos de Deus. O que criou os seres humanos e um que eles criaram. O que nos criou é solidário, ama incondicionalmente, poupa, protege, alivia, inclui, se preocupa. O que os homens criaram julga, condena, exclui, ama condicionalmente, dedica-se mais a uns do que a outros. Não importando qual é a nossa religião, é comovente ver o esforço descomunal do Deus bíblico dando o que tinha de mais precioso para nos resgatar: seu único filho.

O amor o fez praticar atos que ultrapassam o limite do imaginável. Do ponto de vista psicológico, é impossível ir mais longe. É ilógico e incompreensível o que Deus e seu filho fizeram pela humanidade. Jamais a capacidade de amar atingiu patamares tão altos. Na realidade, eles esgotaram todas as possibilidades do amor.

# CAPÍTULO 7

# A 2ª hora: debochado publicamente

*Desafiado aos pés da cruz*

Para a cúpula judaica, era inconcebível que o Deus que havia tirado o povo de Israel da escravidão do Egito, que lhes dera a terra de Canaã, que fora profetizado com eloquência por inúmeros profetas e louvado por diversos salmistas estivesse diante deles representado por seu filho. O filho do Altíssimo não poderia estar na pele de um carpinteiro.

Um galileu nascido em um curral, que crescera em uma cidade desprezível, que não tivera o privilégio de frequentar as escolas dos escribas e fariseus não poderia jamais ser o Cristo, o messias esperado há tantos séculos pelo povo de Israel.

A história e os comportamentos de Jesus perturbavam a mente dos líderes judeus. Eles olhavam para a sua aparência e para a sua origem, e imediatamente o rejeitavam. Embora nos anos 740-680 a.C., cerca de sete séculos antes da vinda de Jesus, o profeta Isaías tivesse descrito com precisão os detalhes sociais e psicológicos do Cristo (*Isaías 53*), a cúpula judaica sentiu aversão por seus comportamentos.

Se a cúpula judaica aceitasse Jesus como o Cristo, teria de se aproximar do povo, despojar-se de sua arrogância e reproduzir os comportamentos do mestre. Teria de perdoar incondicionalmente, aceitar em suas mesas pessoas consideradas vis, tratar das feridas dos leprosos e ser complacente com os socialmente rejeitados. Essa atitude era inconcebível para os guardiões da moral.

## Desrespeitado em sua dor

A segunda hora da crucificação foi das 4 às 5 horas do dia para o povo de Israel. Embora Jesus estivesse perecendo, os soldados romanos e os líderes judeus não lhe davam sossego.

A sua presença dócil e tranquila incomodava seus inimigos. Gritavam como se estivessem desafiando a pessoa mais forte do mundo. "*Salva-te a ti mesmo, se és filho de Deus! E desce da cruz*" (*Mateus 27:40*). Os gritos saturados de raiva golpeavam sua emoção, mas Jesus se manteve em silêncio. Não tinha forças nem desejava reagir.

Alguns mais exaltados comentavam entre si: "*Se é rei de Israel, desce da cruz e creremos nele!*" (*Mateus 27:42*) Os milagres de Jesus, suas palavras arrebatadoras e a recusa de falar sobre a própria identidade instigavam seus inimigos a provocá-lo.

Jamais provoque um homem ferido, pois ele pode reagir como um animal. Quando estamos ansiosos e angustiados, qualquer barulho se torna uma provocação. Grande parte das violências e dos assassinatos ocorre quando uma pessoa ansiosa se sente provocada. No trânsito, homens calmos podem agir com extrema violência quando estão tensos. Alguns chegam a usar armas. A única pessoa que podia ser provocada sem nenhum risco de reação violenta era Jesus.

A relação íntima e misteriosa com o Pai era seu único conforto.

## Todos temos alguns conflitos

Lembro-me de uma paciente que ouviu sua mãe comentar que a encontrara numa lata de lixo. A mãe estava brincando, mas a criança interpretou e registrou de maneira distorcida a afirmação. Nunca esqueça que o registro da memória não depende das intenções dos outros, mas da forma como experimentamos os gestos e comportamentos alheios.

Apesar de sentir-se rejeitada, a criança não comentou nada com a mãe. Passou a ter a sensação de que seus pais faziam um favor em criá-la. A palavra ingênua da mãe foi registrada de maneira privilegiada nos arquivos de sua memória. Todas as vezes que recebia um pito ou uma punição, sentia-se ainda mais rejeitada. Desse modo, criou uma imagem distorcida da mãe e do mundo.

Essa imagem distorcida e dilatada registrada em nossa memória fica disponível para ser lida, gerando uma hiperaceleração dos pensamentos, que voltam a ser registrados na memória, expandindo a imagem inconsciente e gerando uma zona de tensão doentia.

Através desse mecanismo, uma palavra menos cordial pode virar uma agressão. Um gesto menos cuidadoso, um sinal de desvalorização. Uma ofensa é capaz de produzir um inimigo mortal. Uma rejeição social pode provocar um bloqueio doloroso. Todos somos afetados por esse processo. É provável que cada um de nós tenha alguns transtornos psíquicos gerados por ele, ainda que não percebamos.

Cuidado com o que você fala com seus filhos e alunos. Cuidado com as palavras. Saiba que determinados gestos e palavras têm o poder de penetrar nos territórios do inconsciente e contribuir para tornar a alma humana seca e árida. Nunca menospreze a capacidade de interpretação de uma criança, nunca menospreze os sentimentos de uma pessoa.

Se você tiver de criticar alguém, comece elogiando-o. Quando você valoriza uma pessoa, ela abre as janelas da memória e se torna capaz de receber sua ajuda. A crítica deixa de ser ataque para transformar-se em contribuição. Mas, se a pessoa é criticada secamente, ela trava a inteligência. Tudo o que você disser, por mais correto e eloquente que seja, será uma intromissão. Apesar de a agressividade e a crítica seca nunca terem contribuído para educar a emoção, insistimos nesse caminho.

Jesus sabia abrir as janelas da alma e do espírito das pessoas. Tinha o dom de encantar as multidões. Sua capacidade incondicional de amar e elogiar a vida o transformava em uma pessoa feliz e tranquila. Nele só havia palavras de elogio à vida. Quando protegia ou defendia alguém, amigo ou inimigo, íntimo ou desconhecido, atestava que a vida é bela mesmo quando não há flores nos jardins. O elogio à vida aquece o mais rigoroso dos invernos.

# CAPÍTULO 8

# A 3ª hora: cuidando de um criminoso e vivendo o maior dos sonhos

Na terceira hora só havia espaço para a confusão mental. O mestre já havia sido espancado a noite toda. Não lhe deram água nem comida. Chegara à cruz desidratado, exausto, lesado e com graves problemas circulatórios, pois havia perdido muito sangue.

Era de se esperar que sua capacidade de raciocínio estivesse mutilada. Enquanto seu corpo lutava para mantê-lo vivo, Jesus produzia palavras e gestos inacreditáveis.

Na segunda hora, como vimos, seus opositores zombaram dele e o provocaram. Sua resposta foi o silêncio! Agora, na terceira hora, quando lhe deram trégua, verbalizou três pensamentos admiráveis. Pensamentos que expressaram um cuidado afetivo com um criminoso, com sua mãe e com seu amado discípulo João.

## *O criminoso se volta para o mestre*

Imagine a cena. Muitos fariseus versados no Antigo Testamento desafiaram Jesus enquanto ele era flagelado e pregado na cruz. Para eles, o mestre não passava de um impostor, pois não reagia às provocações.

Enquanto todos zombavam dele, de súbito um criminoso fez um reconhecimento inimaginável. Ao se encontrarem no Calvário, esse criminoso viu Jesus sangrando, com as costas mutiladas e o corpo coberto de hematomas. Sobre a cabeça, uma coroa de espinhos. Jesus parecia fraco e debilitado, um verdadeiro miserável.

Contudo, o criminoso viu algo além dos hematomas e da fragilidade. Enxergou naquele homem que morria ao seu lado não uma pessoa comum, mas um rei. Um rei com um poder que ultrapassava os limites da compreensão humana. Um rei que possuía um reino invisível, mas real.

O criminoso implorou a Jesus que se lembrasse dele quando estivesse em seu reino (*Lucas 23:40,41,42*). Conseguiu ver algo que ninguém via.

Na cruz, Jesus era digno de pena, mas um criminoso o tratou como um rei. Um rei que venceria a morte, que introduziria seu reino na humanidade. Um rei que era miserável naquele momento, mas que um dia, quando as portas do tempo se encerrassem, mostraria sua força e seu vigor. Ao longo da história, muitos homens e mulheres amaram Jesus Cristo porque conseguiram ver o que ninguém via. Viram flores no inverno. Viram os campos verdejantes em um ambiente de pedras e areia.

Bastou uma palavra do criminoso em direção ao Mestre da Vida para que ele o alcançasse. "*Jesus, lembra-te de mim quando vieres com teu reino.*" O criminoso não precisou se humilhar e confessar seus erros, apenas reconheceu que aquele que morria ao seu lado era um rei.

Jesus o acolheu sem pedir nada em troca. Essa foi a atitude que assumiu durante sua trajetória na terra. Sempre que uma pessoa se voltava para ele, ainda que fosse uma prostituta, a acolhia sem constrangê-la. No episódio da samaritana, não quis saber detalhes de sua história, não especulou sobre suas falhas, não a controlou, mas procurou confortá-la e introduzi-la em uma esfera de prazer e liberdade (*João 4:1 a 27*).

Amamos controlar as pessoas, mas o Mestre da Vida amava fazê-las livres. Muitos pais querem dar a melhor educação para seus filhos, mas, em vez de ajudá-los a serem livres para pensar e escolher com maturidade seus caminhos, lhes impõem regras rígidas e os punem se não as seguem. Em vez de ajudá-los a crescer, causam revoltas e intrigas e os deixam despreparados para viver na escola da vida.

Muitos executivos também se empenham para que o mundo gravite em torno deles. Controlam ditatorialmente pessoas e atividades. Mas, por não conhecerem o funcionamento da mente humana, não sabem que a construção de pensamentos é incontrolável. A melhor forma de dirigir uma equipe é ajudando as pessoas a gerenciarem seus pensamentos e treinando-as para pensar antes de reagir.

Ninguém controla os pensamentos de ninguém. Mesmo aqueles que concentram autoridade nunca terão poder sobre a mente dos outros, ainda que as pessoas abaixem as cabeças. A alma é um território de liberdade. O único carrasco de nossas almas somos nós mesmos.

Jesus conhecia a mente humana como ninguém. Tinha consciência de que as leis de Moisés e as elevadas regras de conduta não foram suficientes para eliminar injustiças, discriminação, intolerância e múltiplas formas de agressividade no povo de Israel. Como solucionar o que a lei não fora capaz de fazer? Atuando no funcionamento da mente, nas matrizes da memória, no cerne da energia emocional. Foi isso que o mestre fez.

No mundo inteiro o problema da violência parece incontrolável. Os responsáveis pela segurança pública das sociedades democráticas não sabem o que fazer para solucionar o drama da violência em todos os níveis. Os mecanismos de repressão não resolvem definitivamente o problema; quando muito o amenizam. A educação e transformação interna do ser humano é a chave.

O Mestre da Vida sabia que se não transformasse as criaturas internamente não haveria solução. Foi o que fez com seus discípulos enquanto andava e convivia com eles. Aproveitava cada uma das suas parábolas e cada circunstância vivida para os conduzir à prática das funções mais importantes da inteligência. Cada uma dessas práticas era um treinamento da escola da vida.

Sabia que o amor é a maior fonte de motivação, de mudança das matrizes da memória e de transformação interior. O Mestre da Vida era um rei sem trono político, era um rei que tinha aprendido a reinar na alma humana.

Nós somos perseguidos pelo nosso passado e nos remoemos com sentimentos de culpa. Mas o mestre não gravitava em torno do passado. Para ele, as falhas deveriam ser recordadas apenas para serem reescritas. Por tais atitudes, todos viviam suavemente em sua presença. O passado deixava de ser um peso e se tornava a tela de fundo de uma belíssima obra de arte.

Quem ama respeita o espetáculo da vida. Quem ama abre as janelas da mente para pensar em muitas possibilidades. O amor torna as pessoas inteligentes e arrojadas. Os cientistas que amaram suas pesquisas fizeram as mais notáveis descobertas. Os professores que amaram seus alunos penetraram no território da emoção deles e os marcaram para sempre. Se você trabalhar pensando apenas no pagamento no final do mês, nunca será um excelente funcionário.

O mestre exalava amor em cada um dos seus gestos, por isso tocou um miserável criminoso que morria ao seu lado.

*A 2ª frase: "Ainda hoje estarás comigo no paraíso..."*
*Consolando o criminoso*

Jesus disse ao criminoso: *"Em verdade eu te digo, ainda hoje estarás comigo no paraíso"* (*Lucas 23:43*). Como pôde afirmar isso se, de acordo com as Escrituras, ele ficou três dias na morte: a tarde da sexta-feira, o sábado e a manhã do domingo? Isso indica que o mestre falava sobre outra esfera.

Cada pessoa, de acordo com sua crença, tem uma opinião sobre esse assunto. Como pesquisador científico, não vou me aprofundar nele, pois tudo isso diz respeito à fé. É possível que receba muitos e-mails de leitores dando suas opiniões. Quero apenas fazer um comentário sintético.

É provável que, ao mencionar que "ainda hoje" o criminoso estaria com ele no "paraíso", Jesus estivesse querendo se referir a uma esfera em que a personalidade é preservada depois da morte. Ele indicou o que a ciência nem sonha em entender, ou seja, que a falência do corpo não é acompanhada da falência da alma ou psique.

Olhamos a vida com os olhos de nossa própria história contida na memória. Cada opinião emitida, cada resposta dada, cada pensamento proferido são gerados a partir da leitura da memória. É ela que guarda os segredos de nossa existência. Sem a memória não há história, sem história não há inteligência.

Quando o cérebro morre, a memória se decompõe, os segredos da existência se perdem, a história se esfacela. Como resgatar esses segredos? Como reconstituir a personalidade? Todos querem saber o que acontecerá quando o fenômeno da morte os abater. Imagino que você mesmo deseje saber se há vida e consciência após a morte. Mas não procure as respostas nos livros científicos, pois a ciência engatinha nesse campo.

Depois que comecei a produzir uma nova teoria psicológica e filosófica sobre o funcionamento da mente passei a me preocupar com questões que não me perturbavam. Comecei a pensar sobre o fim da vida e a desagregação da história existencial contida na memória.

Os filósofos costumam ser mais profundos do que os pensadores da psicologia, psiquiatria e neurociência. Eles são mais livres para pensar. Discutem a metafísica sem problemas, refletem sobre Deus sem medo de serem censurados. Sócrates, Platão, Agostinho, Spinoza, Descartes, Rousseau, Voltaire e Hegel estão entre os pensadores da filosofia que tiveram Deus na pauta de suas ideias. Alguns perceberam que o ser humano precisa de Deus, pois só com sua existência poderíamos reconstruir nossas identidades destruídas pelo fenômeno da morte.

Desde as eras mais primitivas, nossa espécie sempre procurou Deus. Não conseguimos olhar para nós mesmos nem para o mundo sem nos fazermos as milenares perguntas: Quem somos? De onde viemos? Para onde vamos?

Podemos definir filosoficamente nossa espécie em uma frase: "O ser humano é uma fonte de perguntas que durante toda a existência procura grandes respostas."

## Um miserável que não desistiu da vida

Jesus deu uma grande resposta ao criminoso. Ambos estavam morrendo, mas ambos se encontrariam após o caos da morte. Ambos estavam gemendo de dor, mas ambos estariam no paraíso, um lugar sem sofrimentos, adversidades e infortúnios.

O Mestre da Vida conseguiu confortar a alma de um homem miserável que se atormentava sobre seu destino. Com uma simples frase, resgatou o ânimo de quem sucumbia sob o calor das dúvidas. Quantas dúvidas atormentam os que pensam sobre o fim da vida!

Alegro-me por esse criminoso. Poderia desejar morrer para livrar-se da dor, mas sonhava em continuar sua existência. Muitos, ao contrário, pensam em suicídio diante dos seus problemas. Não suportam a carga das perdas. Não suportam os fracassos e as injustiças cometidas contra eles. São controlados pela dor, sufocados pela tristeza e ansiedade.

Nunca desista da vida. Se enfrentar a sua dor, você a transcenderá; mas, se lhe der as costas, ela o destruirá. Eis na cruz um miserável criminoso que não desistiu da vida. Tinha todos os motivos do mundo para desertar, mas pedia a Jesus para se lembrar dele em seu reino, e o mestre lhe falava sobre um paraíso. Ambos estavam morrendo lenta e miseravelmente, mas nenhum dos dois parava de sonhar. Sonhar com o quê? Com o maior de todos os sonhos: com a continuação do espetáculo da vida. Que exemplo!

Algumas pessoas têm muitos motivos para serem alegres, mas só manifestam insatisfação e especializam-se na arte de reclamar. Contudo, há dois mil anos, a dor e a exaustão de duas pessoas que morriam numa cruz não foram suficientes para matar o amor delas pela existência.

## CAPÍTULO 9

# Continuação da 3ª hora: cuidando carinhosamente de sua mãe

*Maria, uma mãe especial*

Alguns filhos esfriam seu relacionamento com os pais quando enriquecem ou se tornam famosos. Às vezes os suprem de bens materiais, mas negam-lhes o mais importante: a sua presença e o seu afeto. Alguns usam a sobrecarga do dia a dia e o excesso de atividades como excelentes desculpas para justificar a sua ausência.

Por mais defeitos que tenham, nossos pais nos geraram. A grande maioria deles perdeu noites de sono e gastou o melhor de sua energia e do seu tempo para cuidar de nós. Infelizmente, quando perdemos pai ou mãe muitas vezes nos perguntamos: "Por que não gastei mais tempo com eles? Por que não lhes dei mais valor?" A morte dos pais nos leva quase sempre a fazer uma revisão de nossa história.

É muito importante perscrutarmos os sentimentos mais ocultos de nossos pais e procurarmos compreender suas inquietações. Os melhores filhos são aqueles que gastam tempo para descobri-los. É estranho o fato de muitos filhos não penetrarem no mundo das emoções de seus pais, não conseguirem perguntar o que estão sentindo e do que necessitam. Conhecem a fachada, mas não sabem o que está por trás dos seus gestos: suas lágrimas, seus sonhos, seus temores.

Do mesmo modo, muitos pais não conseguem perceber que há um mundo a ser descoberto dentro de cada um de seus filhos, mesmo que eles os frustrem e tenham diversos defeitos. Pais e filhos precisam ser garimpeiros da alma. Precisam aprender a explorar uns aos outros para descobrir as pedras preciosas escondidas em seu interior.

Cristo era o mestre do diálogo. Dialogava longamente com Deus. Com seus discípulos, rompia todas as barreiras e todas as distâncias. Com as mulheres, mesmo com as socialmente rechaçadas como a samaritana, era atencioso, polido e generoso.

E com seus pais terrenos Jesus era atencioso? Muito! Temos poucos relatos sobre sua infância e adolescência, mas o pouco que Lucas registra revela que ele era um filho inigualável.

Maria sabia quem era aquele menino que crescia aos seus pés. Ela o conhecia profundamente. Sabia que, antes de ser seu filho, ele era filho de Deus. Antes de lhe pertencer, ele pertencia ao Pai. Sabia o quanto aquele menino que ela amamentara era especial. Tão especial, que ela um dia o perderia.

Lucas deve ter tido um relacionamento estreito com Maria. Escreveu seu evangelho mais de 20 anos depois da partida de Jesus. Muitas informações devem ter sido transmitidas por Maria, pois ele é o único que nos fornece detalhes do nascimento de Jesus e da complexa oração de sua mãe.

Um dia eu talvez escreva um livro analisando a personalidade de Maria. A mulher que aparece nos evangelhos tinha cinco grandes características principais.

Primeiro, era inteligente. Na oração registrada por Lucas (*Lucas 1:46 a 55*) há uma complexa organização de raciocínio e sequência de ideias. Segundo, era humilde. Ela se colocava literalmente como uma humilde serva diante de Deus. Terceiro, conhecia bem as escrituras antigas. Sua oração é uma síntese do Velho Testamento. Nela, discorre sobre a origem do povo de Israel, sobre Abraão e sua descendência, sobre a promessa de Deus, sobre a exaltação dos humildes e a destruição dos soberbos. Quarto, era discreta. O fato de não aparecer muito nas biografias de Cristo é um exemplo de sua discrição. Quinto, respeitava seu filho e guardava suas palavras em silêncio (Lucas 2:19).

Sobre essa última característica há uma história interessante. Certa vez, Maria e José foram a Jerusalém para a festa da Páscoa. Na volta, perderam o menino Jesus. Eles o procuraram desesperadamente. Três dias depois o encontraram. O menino, então com 12 anos, estava no templo debatendo suas ideias com os mestres da lei. *"E todos os que o ouviam ficavam perplexos com sua inteligência e suas respostas"* (Lucas 2:47).

Logo que seus pais o viram, ficaram surpresos. Sua mãe se adiantou e sem agressividade mostrou sua angústia, dizendo-lhe: *"Filho, por que fizeste assim conosco? Teu pai e eu, aflitos, estávamos à tua procura"* (Lucas 2:48).

Uma das experiências mais angustiantes para os pais é perder seus filhos no meio da multidão. Maria e José o perderam por três dias, o que é grave e capaz de causar exasperação. Por que um fato tão sério foi tratado com brandura por Maria? A única explicação é que ela e seu filho eram amáveis um com o outro. Havia um clima de carinho, atenção, amor e preocupação que permeava a relação de Jesus com seus pais.

Até completar 30 anos, Jesus deve ter tido longos e afetuosos diálogos com sua mãe. O menino a assombrava com sua mansidão e capacidade de se doar. Depois, cresceu e começou a cuidar do mundo à sua volta. Doava-se a todos. Nos últimos três anos, andava ocupado, mas sua mãe o acompanhava em muitas viagens.

Maria sabia que seu filho era um médico da alma que se dedicava a uma humanidade ferida. Parecia que ele não tinha tempo nem para si nem para sua mãe. No entanto, veremos que nunca se esqueceu dela. Na cruz, embora estivesse sem energia, procurou cuidar de Maria e protegê-la.

Jesus estava morrendo e via sua mãe assistindo a tudo. Que cena comovente! Mãe e filho, que sempre se amaram, estavam tão próximos e tão distantes um do outro. Talvez Maria estivesse recordando o filho que carregara no colo e que agora estava perdendo. Que sentimentos poderiam invadir esta serena e sensível mulher?

Nada melhor para compreendermos a dor dos outros do que compreendermos a nossa própria dor. Permita-me contar uma dramática experiência que passei com uma das minhas filhas e que mudou minha história.

## A experiência de um pai em desespero

Um dia estava assistindo a uma cirurgia de minha filha mais velha. Era a extração das amígdalas. Por ter formação médica, sabia que se tratava de um procedimento aparentemente simples. Nem desconfiava de que passaria por um dos maiores sofrimentos de minha vida. Tudo corria normal no campo cirúrgico: a anestesia, as primeiras incisões e a regularidade do balão respiratório.

Conversava com o cirurgião e com o anestesista quando, de repente, percebi que o ritmo do balão tinha diminuído. Minha filha parou de respirar. Entrei em desespero. Em fração de segundo passou pela minha mente que poderia perdê-la. Eu a amava intensamente, beijava-a várias vezes por dia. Perdê-la era simplesmente um fato inaceitável.

Meu coração acelerou-se intensamente, numa taquicardia incontrolável. Não era possível acreditar que não veria mais seu sorriso, suas brincadeiras e suas artes. Então, gritei, chamando o anestesista, que veio rapidamente.

Cada segundo parecia uma eternidade. Eu queria fazer alguma coisa, mas me sentia impotente. Daria tudo no mundo para ver minha filha voltar a respirar. Por fim, felizmente, ela retornou. Eu tinha a sensação de estar saindo de uma guerra.

A cirurgia terminou e o grande susto passou. Achei que o pesadelo havia terminado, mas o pior estava por vir. A recuperação de uma criança que se submete a uma cirurgia desse tipo é rápida. Em alguns dias ela ficaria animada e voltaria a ser o que era. Porém, a cada dia minha filha piorava. Eu ia para o meu consultório intranquilo, sabendo que algo estava errado. Um cheiro fétido exalava de suas narinas. Ela só conseguia respirar pela boca.

Eu telefonava para seu médico com frequência, e ele me dizia que isso era normal. Entretanto, minha filha estava cada vez mais pálida, desanimada, sem conseguir brincar. O médico prescreveu antibióticos e anti-inflamatórios, mas nada resolvia. No quinto dia, quando liguei para casa, a menina quase não tinha forças para falar comigo.

Naquele momento, pensei em algo que nunca mais saiu da minha mente. Pensei no valor da vida, no quanto ela é preciosa e no pouco valor que lhe damos. E só quando ela está prestes a se esgotar é que nos lembramos de fazer essa reflexão. Pensei comigo mesmo: "Eu daria tudo o que tenho, tudo o que consegui na vida, para ter a minha filha de volta como antes. Daria meus títulos acadêmicos, todo o meu dinheiro, sucesso, casa, enfim, tudo, em troca de sua vida."

Angustiado, liguei mais uma vez para seu médico e disse-lhe que havia algo errado. Então ele teve um "estalo" e me pediu para levá-la com urgência ao consultório. Lembrou-se que poderia ter deixado uma gaze em sua garganta. "Talvez, na correria da parada respiratória, tenha me descuidado e esquecido esse material."

Sua suspeita se confirmou. Minha filha sobreviveu, mas aqueles momentos me marcaram para sempre. A perda de um filho é inesquecível para os pais. O sofrimento de qualquer um deles sulca a nossa alma.

Vamos analisar o território da emoção de Maria aos pés da cruz de seu filho.

*A 3ª frase: "Mulher, eis aí teu filho..." Consolando sua mãe*

Maria estava próxima da cruz. Ela se contorcia de dor ao ver a agonia de seu filho. As lágrimas corriam abundantes sobre seu rosto. Que sofrimento inconsolável! Quem poderia confortar aquela mulher? Nada no mundo aquietava a sua alma. O filho que ela carregara nos braços agora estava pregado nos braços de uma cruz.

Imagine Jesus vendo a dor de sua mãe. Já era amargo seu cálice físico, mas vê-la sofrer só fazia aumentar seu cálice emocional. Maria sabia que o perderia, mas pensava que esse dia estava longe. Ela não imaginava que seu filho fosse morrer naquela sexta-feira, pois seu julgamento, como sabemos, foi sumário. Isso indica que ela o acompanhava discretamente em suas viagens. De repente, quando menos esperava, Jesus saiu mutilado da casa de Pilatos.

Na caminhada até o Calvário, Maria entrou em desespero. Queria abraçar Jesus, mas era contida. Os soldados deviam empurrá-la sem piedade. Havia uma coorte deles escoltando o mestre, mais de 300. Maria caminhava chorando. Nunca pensara que o perderia dessa maneira. Faltava-lhe força até para gritar. Ela vira o corpo nu de seu filho quando pequeno, agora o via nu na cruz como um espetáculo de desonra para o mundo.

Queria tirá-lo de lá. Desejava cuidar de suas feridas e estancar seu sangue. Devia gritar para ele ouvir: "Filho, eu te amo!" Devia também correr em sua direção, mas era barrada sem piedade pelos soldados. Por isso, talvez clamasse: "Me soltem! O que vocês fizeram com meu filho! Deixem-me abraçá-lo e cuidar dele!"

Palavra nenhuma poderia aquietar a angústia daquela afável e humilde mulher. O filho que só lhe trouxera prazer estava agonizando na cruz. Não suportava vê-lo com a face contraída de dor e desesperava-se diante de sua respiração ofegante. Ela queria fazer tudo, mas estava absolutamente impotente.

Jesus sabia da dor de sua mãe. Seu coração fraquejava, mas ele se mantinha lúcido. Então, olhou para ela e a viu chorando, profundamente angustiada. Não queria que sofresse, mas era impossível aliviar sua dor. Diante disso, mais uma vez reagiu de forma surpreendente. Recostou-se novamente na cruz procurando respirar melhor. Sua dor se intensificou, e ele soltou sua voz, dizendo: *"Mulher, eis aí o teu filho"* (*João 19:26*).

Suas mãos estavam pregadas na cruz. Indicou com os olhos. Quem? João, o jovem discípulo.

Jesus era um filho insubstituível, mas pediu que Maria tomasse João como filho em seu lugar. Pediu para sua mãe se consolar com a presença dele. Jesus iria embora, mas deixaria em seu lugar o jovem que mais aprendera com ele a arte de amar.

Muitos, inclusive teólogos, se perguntam por que Jesus chamou Maria de "mulher" e não de "mãe". Jesus falava muito dizendo pouco. Chamou sua mãe de "mulher" por duas vezes nos evangelhos. Uma em Caná da Galileia, no começo da sua vida pública, quando, em um casamento, transformou água em vinho (*João 2:1 a 12*). A outra, do alto da cruz (*João 19:26*). Vou comentar apenas esta última, pois, se a entendermos, compreenderemos a primeira.

Alguns podem achar que chamar a mãe de "mulher" é uma forma seca de tratamento. Mas havia uma enorme doçura e amabilidade atrás das palavras de Jesus. Sabia que Maria se envolvera intensamente com ele. Sabia que seu enorme amor por ele a fazia esquecer que, antes de ser filho dela, ele era filho do Altíssimo. Ao dizer "mulher", queria refrescar sua memória e fazê-la lembrar a origem dele.

Era como se lhe dissesse: "Mãe, eu a amo, mas você sabe quem eu sou. Você sabia que iria me perder. Você está sofrendo intensamente, mas eu lhe peço para posicionar-se agora não como minha mãe, mas como uma 'mulher'. Lembre-se de que você foi bendita entre as mulheres, pois meu Pai a escolheu para me receber, cuidar de mim e me ensinar os primeiros passos para fazer de mim um homem. Seja uma mulher forte. Não sofra por mim. Eis aí João. Tome-o como filho. Ele cuidará de você e a protegerá em meu lugar."

Jesus esqueceu-se de si mesmo para se preocupar com sua mãe. Gastou o pouco de energia que tinha para consolá-la. Ela, por sua vez, entendeu o significado de suas palavras, embora, naquele momento, nada pudesse estancar a sua dor. Continuou chorando sem parar.

O sofrimento de Jesus produziu valas profundas em sua alma. Só mais tarde seu coração aliviou-se. A perda desse filho foi irreparável. Assim terminou a mais bela história de amor entre um filho inigualável e uma mãe especial.

## A 4ª frase: "Eis aí tua mãe." Consolando João

Depois de dirigir-se à sua mãe, apontando João com os olhos, Jesus se dirigiu ao discípulo dizendo: *"Eis aí tua mãe"* (*João 19:27*). Essa quarta frase teve dois motivos.

Primeiro, Jesus via as lágrimas de João e também queria consolá-lo. João era um jovem explosivo, mas, seguindo as pegadas do Mestre do Amor, aprendera as mais belas lições da educação da emoção. Aprendera o alfabeto do amor. Amou tanto que, com mais de 80 anos, escreveu três cartas de amor para os seus leitores.

Essas cartas, juntamente com seu evangelho, são entranhadas de emoção. Nelas, ele chama a todos de filhinhos. Na terceira epístola revela a intensidade com que amou cada ser humano. João termina essa carta dizendo: *"Saúda os amigos, cada um por seu nome"* (*3 João 1:15*). Importava-se com todos e saudava cada um pelo nome, pois os considerava pessoas únicas.

Você vê as pessoas com as quais convive e trabalha como seres únicos? Quando pronuncia seus nomes, elas se sentem reconhecidas e valorizadas? João valorizava cada pessoa como um ser inigualável, porque tinha aprendido a arte de amar.

Agora ele via seu mestre agonizar na cruz. Perdê-lo era como se perdesse o solo, o sentido de vida. Jesus também amava intensamente João, por isso não se esqueceu dele na cruz. De um só fôlego tentou consolá-lo e pedir que tomasse conta de Maria como se ela fosse sua própria mãe. Pediu muito em poucas palavras. Pediu e foi atendido. Daquele dia em diante, João a levou para casa e cuidou dela (*João 19:27*).

Foi a primeira vez que numa cruz poucas palavras disseram tanto. Foi a primeira vez que, entre gemidos e dores, uma história de amor foi escrita, a mais bela de todas. Foi a primeira vez em que o coração emocional amou tão ardentemente enquanto o coração físico entrava em falência.

# CAPÍTULO 10

# Da 4ª à 6ª hora: abandonado por Deus

*Julgado pelo juiz do universo*

A crucificação de Jesus pode ser dividida em duas partes de três horas. A primeira foi das nove da manhã ao meio-dia, e a segunda, do meio-dia às três da tarde. Na primeira parte, como vimos, ele pronunciou quatro frases acolhendo quatro tipos de pessoas: seu Pai (Deus), um criminoso, sua mãe e João. Pronunciou também quatro frases nessa segunda parte. De acordo com o registro das biografias de Mateus e Marcos, essas frases foram proferidas perto do momento de sua morte.

Na primeira parte o sol brilhava; na segunda houve trevas. Ao meio-dia de nosso relógio, que correspondia às seis horas do horário judeu, um fenômeno estranho ocorreu: a terra escureceu. Escureceu talvez por um eclipse, um tempo chuvoso ou um fenômeno que foge à nossa compreensão. Provavelmente, as trevas eram um símbolo de que Jesus estava sendo julgado pelo Juiz do universo em favor da humanidade. Deus se torna juiz do homem Jesus. A investigação psicológica desse assunto é capaz de nos deixar confusos. Na primeira parte, o Pai o sustentava com suas palavras inaudíveis, sua emoção intangível, seus olhares invisíveis. Agora, esse Pai, apesar de amar intensamente seu filho, senta-se no trono de juiz.

De acordo com os textos bíblicos, jamais alguém passara no teste de Deus (*Romanos 6:23*). Por quê? Até onde conseguimos analisar e compreender, é porque o julgamento divino ultrapassa os comportamentos exteriores e chega às raízes da consciência.

Deus perscruta as intenções e penetra nos pensamentos humanos. Ninguém é perfeito, não há um ser humano que seja senhor pleno de suas emoções e de seus pensamentos. Podemos ser plenamente éticos exteriormente, mas quem o é por dentro?

Quem tem coragem de proclamar em voz alta todos os pensamentos que transitam em sua mente? Creio que nenhum de nós. O mais puritano dos seres humanos produz pensamentos absurdos que não tem coragem de verbalizar.

A psicologia encontra muitos limites na compreensão dos indivíduos, pois só consegue interpretar seus comportamentos. Através deles, ela procura entender o que os olhos não veem: as emoções, os fenômenos inconscientes, a engrenagem dinâmica dos conflitos, a estrutura do eu. Entre o mais excelente psicólogo e seu paciente há um mundo intransponível mediado pela limitada interpretação.

O mesmo acontece com o sistema jurídico que tem extensos limites para compreender e julgar o ser humano. O sistema jurídico julga um réu não pelo que ele realmente pensa e sente, mas pela cortina de suas reações externas. Por isso, precisa de testemunhas, de reconstrução da cena do crime, de detectores de mentira e de advogados de defesa e de acusação para sentenciá-lo com mais justiça e menos equívocos.

O Autor da vida não tem qualquer um desses limites. Ele vai além de nossos comportamentos e penetra nas entranhas de nossa alma. Jesus foi julgado pelo único Ser ilimitado na sua capacidade de julgamento.

A ciência pode falar muito pouco sobre esse assunto, mas é possível inferir que Deus não julgou Jesus como seu filho, mas como um homem. Cada pensamento, sentimento e reação do homem Jesus passou pelo crivo do julgamento de Deus. Somente um homem poderia morrer pela humanidade, somente um homem poderia resgatá-la e servir de modelo para ela.

Cristo pode servir de espelho para nós, porque foi um homem como qualquer ser humano. Sofreu, chorou, viveu momentos de extrema ansiedade e teve diversos sintomas psicossomáticos. Apesar disso, foi perfeito. Perfeito na sua capacidade de incluir, perdoar, se preocupar, compreender, ter misericórdia, se doar, respeitar, ter dignidade na dor. Perfeito na sua capacidade incondicional de amar, na habilidade de ser líder do mundo das próprias ideias e administrador das suas emoções.

João Batista, seu precursor, antevia esse julgamento de Deus. Ao ver Jesus, ele declarou em alta voz: "*Eis o cordeiro de Deus que tira o pecado do mundo*" (*João 1:29*). Como pode um homem ser responsável por eliminar a culpa das nossas injustiças?

Jesus morreu por causa das mazelas e misérias da alma humana. Por um lado, o ódio do sinédrio judaico e o autoritarismo da política romana o mataram. Por outro, sua morte foi usada pelo Juiz do universo como um sacrifício para estancar a culpa de uma espécie que tem o privilégio de ser inteligente, mas não honrou sua capacidade de pensar.

As páginas de nossa história nos envergonham. Até as tribos mais primitivas estão saturadas de agressividade. As guerras, as discriminações, os genocídios, as injustiças contra as mulheres, a exclusão de minorias saturam nossa história. Milhões de vidas são sacrificadas a cada década. Milhões de crianças anualmente são vítimas da fome e da violência. Milhares são violentadas sexualmente todos os dias em todos os cantos da terra.

A medicina preventiva alcançou conquistas enormes, mas o número de vidas que ela preserva é pequeno perto das perdas geradas pelas guerras, pela fome, pelos acidentes de trânsito. A democracia tratou de alguns sintomas da injustiça, mas não eliminou a causa principal. Uns têm muito, outros nada possuem. Os grandes controlam os pequenos. A miséria física e emocional sempre foi companheira de nossa espécie.

Depois de tantas vidas sacrificadas, veio um homem que resolveu se sacrificar pela humanidade. Um homem que não pediu nada em troca, só se doou. Um homem que cuidou de todas as pessoas que o rodeavam, mesmo quando precisava de intensos cuidados.

De acordo com o propósito transcendental do Deus Altíssimo, Ele só poderia quitar as enormes dívidas da humanidade se o homem Jesus fosse perfeito em todos os aspectos de sua vida. Foi usado o símbolo do cordeiro para expor os aspectos psicológicos desse homem ímpar.

Um cordeiro é um animal tranquilo. Jesus foi o mais tranquilo dos seres humanos. Um cordeiro é dócil até quando está morrendo. Jesus, contrariando os paradigmas da psicologia, demonstrou uma doçura e amabilidade inimagináveis na cruz.

## A visão de um filósofo de Deus

Agostinho é considerado um grande filósofo. Foi um filósofo de Deus. Certa vez disse uma frase intrigante e complexa: "Deus se tornou um homem para que o homem se tornasse Deus."*

Nesse pensamento, Agostinho quis dizer que o objetivo de Deus era que o homem recebesse a sua vida por intermédio de Jesus Cristo e conquistasse o dom da eternidade. Recebendo a vida de Deus, teria acesso a todas as dádivas do Ser divino, e a condição de se tornar filho de Deus seria a maior delas.

O próprio apóstolo Pedro, na sua velhice, escreveu em uma

---

* Bettenson, Henry. *Documentos da igreja cristã*. São Paulo: Aste/Simpósio, 1998.

de suas cartas que através de Cristo "*nós somos coparticipantes da natureza divina*" (*2 Pedro 1:14*). Incompreensível ou não, era essa a ideia que norteava o projeto de Jesus e que envolvia os seus apóstolos e seus mais íntimos seguidores. Como pode um ser humano mortal cheio de falhas e limitado se tornar filho do Autor da vida e ser eterno como Ele?

Marx, Hegel, Freud, Sartre e tantos outros pensadores da filosofia e da psicologia objetivavam no máximo que seus discípulos seguissem suas ideias. Mas Jesus Cristo pretendia que seus discípulos fossem além da compreensão das suas ideias e participassem de uma vida que transcende a morte. Com a cruz, ele queria abrir uma janela para a eternidade. O Mestre da Vida tinha inquestionavelmente o projeto mais alto que nossa mente pode conceber.

## *A filosofia do caos e a preservação dos segredos da memória*

Nada é tão belo quanto o universo e nada tão dramático quanto ele. Não há nada estável no mundo físico. A organização, o caos e a reorganização da matéria e da energia ocorrem num processo aparentemente sem fim. É impossível evitar o caos. Ele está presente não apenas no mundo físico, mas também no campo da energia psíquica, na alma ou na psique.

Durante anos, pesquisei algo que muitos cientistas não tiveram a oportunidade de examinar: a teoria do caos da energia psíquica.* Cada pensamento e cada emoção se organizam, em seguida se desorganizam e depois voltam a se organizar em novos pensamentos e emoções.

Ainda que se tente, é impossível reter um pensamento. Dentro de alguns segundos ele se desfaz e passamos a pensar em outra

---

* Cury, Augusto J. *Inteligência multifocal*. São Paulo: Cultrix, 1998.

coisa. Se você tentar preservar uma emoção prazerosa, também não terá êxito. Mesmo que tenha ganhado o prêmio Nobel ou um Oscar, em questão de horas a emoção do sucesso estará se desorganizando e sendo substituída por outra.

O caos da energia psíquica é inevitável e criativo. Sem ele, tudo seria uma mesmice. A cada dia produzimos milhares de pensamentos e emoções em um processo sem fim.

A memória deve ser reeditada e renovada constantemente, mas as suas matrizes não podem atravessar o caos definitivo. Se as informações da memória se desorganizarem em razão de um tumor cerebral, de um traumatismo craniano, da degeneração das células nervosas ou pelo fenômeno da morte, não há como resgatarmos nossa identidade, a não ser pela existência de um Deus com um poder muito maior do que somos capazes de imaginar.

Esse assunto ocupa o centro dos meus pensamentos. Um dia iremos morrer. A pior coisa que a morte pode nos causar é danificar caoticamente a colcha de retalhos de nossa memória.

Preservar os segredos da memória é fundamental para que possamos resguardar nossa consciência e saber quem somos. Caso contrário, perderemos os parâmetros da inteligência, perderemos nossa capacidade de compreender. Assim, não teremos passado nem história, seremos apenas "átomos" errantes.

Se o fenômeno da morte destruir seus arquivos e não houver Deus para resgatá-los, tudo o que você foi e fez nesta terra não terá mais significado, pois você não existirá como ser consciente.

Por isso, reitero o que já afirmei. Crer em Deus é mais do que um ato de fé, é um ato inteligentíssimo. É crer na possibilidade de continuarmos pensando, sentindo, existindo. É crer na possibilidade de reencontrarmos as pessoas que amamos e convivermos com elas. É ter esperança de reunirmos nossos filhos e amigos numa existência real e infindável. Sem a existência de Deus, nossa casa definitiva seria um túmulo lúgubre, solitário, frio e úmido. Nada poderia ser pior.

Todos os ateus que passaram por este mundo amaram a liberdade de pensar e de expressar suas ideias, inclusive a de que Deus não existe. Se essas ideias estivessem corretas, com a morte eles perderiam o que mais amavam – a liberdade de pensar –, pois sua memória seria destruída e não haveria Deus para resgatá-la.

Quando eu era um dos mais céticos ateus, não imaginava que amava tanto a minha liberdade de pensar nem compreendia que ler a memória e construir ideias eram processos tão delicados. Quando estudei com detalhes algumas áreas da construção dos pensamentos e alguns relevantes papéis da memória, pude perceber que Deus precisa existir. Se Ele não existir, meus livros poderão permanecer, mas nada do que fiz terá significado para mim. Não serei nada além de um amontoado de pó mórbido e desorganizado.

Jesus compreendia tudo o que estou escrevendo. Ele falava da vida eterna não como um delírio religioso, mas como a necessidade de preservar a memória e continuar a existência.

Um dia, exaltou uma mulher que derramou um precioso perfume sobre sua cabeça. Ela sabia que ele ia morrer e sabia por que ele estava morrendo. Mas seu coração estava tão agradecido que derramou sobre a cabeça do mestre o que tinha de mais precioso. Os discípulos, desatentos, criticaram seu ato, achando que era um desperdício derramar um perfume tão caro daquele modo. Eles não viram o que a mulher viu.

O Mestre da Vida fitou seus discípulos e disse que onde fosse pregado o seu evangelho seria contado o que aquela mulher fizera, para a memória dela. Ele estava falando sobre a preservação da memória. Disse que, mesmo após a morte da mulher, seria contado o quanto ela o tinha amado. Ao honrar a memória da mulher, ele resumiu seu ambicioso projeto, um projeto que jamais será alcançado pela psicologia: preservar a memória humana e, consequentemente, a capacidade de pensar e de ter consciência de quem somos.

A memória tem um valor supremo para a vida eterna sobre a qual Jesus discursava. Ela é o alicerce da inteligência. Perdê-la é se perder como ser pensante. Ela é fundamental também nesta breve existência. Por isso, têm razão as pessoas idosas que receiam perder a memória. Têm razão quando se cuidam para prevenir problemas cerebrais.

As palavras de Jesus deixam atônitas a física, a psicologia, a psiquiatria e as neurociências. Ele discorreu, sem hesitar, sobre uma vida que preserva a memória e que transcende o caos da morte. Disse: *"Eu sou o pão da vida, quem de mim comer viverá eternamente"* (João 6:48 a 51).

Que homem é esse que discursa com total segurança sobre uma vida que supera os princípios da física? Que homem é esse que nos traz uma esperança que a medicina nunca sonhou sequer em prometer? Ele se sacrificou ao máximo para tornar realidade aquilo que só pode ser alcançado pela fé. Nunca a ciência ficou tão perplexa diante das palavras e da trajetória de um ser humano.

## O maior empreendedor do mundo

Os pensadores da filosofia sofreram por serem fiéis às suas ideias; alguns foram presos e banidos da sociedade. Mas Jesus foi além. Esgotou toda a sua energia para ser fiel ao seu plano. Permitiu, até, ser julgado por Deus. A análise dos seus comportamentos revela um homem coerente com sua história e controlado por uma meta transcendental. Um homem profundamente apaixonado pela espécie humana.

Você tem metas que direcionam sua vida, ou vive de qualquer maneira? Se tem metas, é coerente com elas? Alguns estabelecem como meta serem milionários, serem artistas famosos, estarem nos degraus mais altos do poder. Outros possuem metas mais nobres, desejam ser felizes, sábios, cultos, úteis para a sociedade, conquistar muitos amigos e conhecer os mistérios da vida.

Muitos sonham alto, mas nem todos os sonhos se materializam. Por quê? Um dos motivos é que as metas não são suficientes para lhes dar força e persistência. Os obstáculos no meio do caminho os fazem desanimar e desviar-se de sua trajetória.

O Mestre da Vida sofreu inúmeros acidentes pelo caminho. As pessoas que andavam com ele eram lentas para aprender o alfabeto do amor e rápidas para soletrar o alfabeto da discriminação e do ódio. Felizmente a palavra "desistir" não fazia parte do dicionário de Jesus. Ele jamais se desviou da sua trajetória. Seguiu só, muitas vezes sem o conforto dos amigos e sem a compreensão do mundo, mas não parou.

Dormir ao relento, ser rejeitado, traído, negado, ferido e odiado não foram problemas capazes de bloqueá-lo. Uma visão controlava as entranhas da sua alma. Ele foi o maior empreendedor do mundo.

A motivação de Jesus era inabalável. Mesmo agonizando, não reclamava. Até que, finalmente, pela primeira vez, ouviu-se aquele homem reclamar. Reclamou uma única vez. Do quê? De Deus tê-lo abandonado. Foi a mais justa e branda reclamação. Vejamos.

## *A 5ª frase: "Meu Deus, meu Deus, por que me abandonaste?"*

Por volta da hora nona, Jesus clamou em alta voz: *"Meu Deus, meu Deus, por que me abandonaste?"* (*Mateus 27:46*) O Mestre da Vida podia suportar que o mundo desabasse sobre sua cabeça, mas não podia ser abandonado e desamparado por Deus. O que indica que o Pai era seu alicerce emocional.

Deus, na condição de Pai, não se ausentara nem um segundo, mas quando assumiu sua condição de Juiz precisou abandonar Jesus para julgá-lo. O Autor da vida já se angustiava extremamente ao ver seu filho agonizando. Agora, afastando-se dele e se comportando como Juiz, sofria mais ainda. Teria de deixá-lo morrer só, sem nenhum conforto, sem a sua presença.

Os últimos momentos da crucificação são um grande mistério. Jesus abandonou definitivamente sua condição de filho de Deus e assumiu plenamente sua condição de homem. Deus, por sua vez, deixou a condição de Pai e assumiu a condição de Juiz. Só aquele homem pregado na cruz poderia substituir a humanidade.

Tal Juiz só aceitaria que Jesus desculpasse a humanidade se ele fosse um homem capaz de amar incondicionalmente, de não ser controlado por pensamentos negativos, de colocar-se aos pés dos mais humildes para servi-los, de nunca usar seu poder para pressionar as pessoas ou obter qualquer vantagem, e que tivesse um comportamento sublime nos braços de uma cruz. Diariamente somos imperfeitos. Eu já desisti de ser perfeito. Todavia, Deus exigiu um comportamento do homem Jesus que jamais poderia exigir de qualquer ser humano.

O Mestre do Amor estava literalmente morrendo. Tinha a boca profundamente seca, o corpo desidratado e ensanguentado. O volume sanguíneo era insuficiente para ser bombeado e nutrir as células. A fadiga respiratória se exacerbava. Respirava rápido e curto.

Os crucificados ao seu lado deviam emitir sons altos e apavorantes. Contudo, ninguém ouvia Jesus gritar. Só a ausência do Pai o fez clamar. Não lhe pediu que o livrasse da cruz, não lhe pediu alívio, queria apenas a sua presença. O mundo escureceu. Seu sofrimento chegou ao limite do insuportável.

Ele não gritou: "Pai, por que me abandonaste." Por quê? Porque sabia que seu Pai nunca o abandonaria. Se chamasse o Pai, este poderia fazer a sua vontade. Mas Jesus chamou: *"Eli, Eli lamá sabachtháni"*: *"Deus meu, Deus meu, por que me abandonaste?"*

## Clamando a Deus e não ao Pai

Uma das experiências mais dolorosas do ser humano é a solidão. Mesmo um ermitão precisa da natureza e das suas próprias fantasias para superar a solidão. A solidão da cruz foi o momento final da história de Cristo. Mas quem pediu para Deus desamparálo? O próprio Jesus. Quando disse "Pai, perdoa-os porque eles não sabem o que fazem", autorizou seu Pai a assumir a condição de Deus e julgá-lo no lugar dos homens.

Ao desculpar os indesculpáveis, o Mestre do Amor assumiu sua condição de cordeiro de Deus que eliminaria as injustiças humanas através do seu sacrifício. Seu Pai só assumiu a posição de Deus e juiz nos últimos momentos. A análise é impressionante. Jesus Cristo tomou partido da humanidade e por isso perdeu o único recurso que ainda lhe dava algum alívio: a presença de Deus.

Faltam-me palavras para descrever a dimensão da emoção de Jesus. Não consigo traduzir esse amor. O apóstolo Paulo o considerava inexplicável: *"O amor de Deus excede todo entendimento."*

Como alguém pode amar tanto quem não o ama? Jesus estava morrendo não apenas pelas mulheres que choravam aos pés de sua cruz, mas também pelos carrascos que retiraram suas vestes, o açoitaram e crucificaram. Estava morrendo por homens que zombaram dele, que o trocaram por um assassino, Barrabás, e o consideraram o mais herético dos homens.

Tenho comentado nesta coleção que seria impossível à mente humana criar um personagem com as características da personalidade de Jesus. As maiores evidências de que ele existiu não são arqueológicas, não são os inumeráveis manuscritos antigos, mas o território da sua emoção, no funcionamento extraordinário da sua mente.

Deveria estar confuso, delirando, sem condições de raciocínio inteligente. Mas, por incrível que pareça, tinha tanta consciência do cálice que estava tomando que clamou a Deus como um homem, e não como Seu filho. Ofertava na cruz a energia de cada uma de suas células em favor de cada ser humano.

Enquanto os homens o esbofeteavam, ele se calava. Enquanto o coroavam com espinhos, silenciava. Enquanto o cravavam na cruz, gemia sem alarde. Mas quando se sentiu desamparado por Deus, não esbravejou, mas chorou intensamente, sem lágrimas, pois estava desidratado. A ausência de Deus era uma perda incalculável.

## Não um herói, mas um homem fascinante

Deus não era, para Jesus, um símbolo religioso nem um ponto de apoio para superar as suas inseguranças. Deus era real, tinha uma personalidade, falava com ele, alimentava-o com suas palavras. Que Deus é este tão real e tão intangível aos nossos sentidos?

Os biógrafos clássicos de Jesus Cristo que escreveram os quatro evangelhos foram de uma honestidade impressionante ao descrever os últimos momentos do mestre. Quem tem experiência na arte de interpretar pode perceber a fidelidade literária desses biógrafos. Por quê? Porque a descrição que fizeram não prima pela ostentação nem pelo exagero.

Eles não maquiaram o personagem Jesus. Não criaram um mártir ou um herói religioso. Se quisessem produzir um herói religioso fictício, eles jamais reproduziriam nos evangelhos a sua exclamação "Deus meu, porque me abandonaste!". Teriam escondido esse momento, pois aqui Jesus mostra o máximo da sua fragilidade como homem. Todavia, foram honestíssimos na sua descrição. Jesus era uma pessoa fascinante, mas, sem Deus, também não tinha sustentação.

As frases que os autores dos evangelhos relataram perturbaram a mente e geraram dúvidas em milhões de pessoas ao longo dos séculos. Até hoje muitos não compreendem por que Jesus clamou pelo amparo de Deus, se era filho de Deus. Não compreendem que na cruz ele se comportou até as últimas consequências como um homem. Embora gerasse confusão, o que ele falou foi relatado nos evangelhos.

Falou poucas e com frases curtas. Não poderia proferir longas frases, pois estava ofegante, aflito e debilitado. Mas suas palavras escondem segredos difíceis de entender.

O maior mistério que envolve esse homem fascinante é que vários aspectos de sua biografia já tinham sido descritos sete séculos antes de sua vinda ao mundo. A descrição detalhada que o profeta Isaías fez do seu martírio, desde que saiu da casa de Pilatos, beira o inimaginável. Disse: *"Como pasmaram muitos a vista dele. O seu aspecto estava muito desfigurado, mais do que qualquer outro homem... Era o mais desprezado entre os homens. Homem de dores, que sabe o que é padecer... Verdadeiramente ele tomou sobre si as nossas enfermidades, e as nossas dores, levou sobre si; e nós o reputávamos por aflito, ferido de Deus, e oprimido. Mas ele foi ferido pelas nossas transgressões e moído pelas nossas iniquidades; o castigo que nos traz a paz estava sobre ele..."* (Isaías 53)

Como não se surpreender com um homem que, além de possuir uma personalidade espetacular, foi anunciado em prosa e verso séculos antes de vir ao mundo? Que plano surpreendente estava nos bastidores da cruz? A psicologia procura ajudar o ser humano a ser autor de sua própria história, uma história que raramente dura mais de 100 anos. Mas o Mestre da Vida fez planos para que conquistássemos uma história capaz de romper a bolha do tempo.

Muitos desses eventos entram na esfera da fé. A fé acena de longe para a ciência. Mas o pouco que podemos analisar sobre o homem mais deslumbrante que pisou nesta terra é suficiente para concluirmos que nossas bibliotecas científicas são apenas uma poeira no espaço infinito do conhecimento.

Uma cruz de madeira escondeu segredos que a literatura científica não consegue desvendar. Gemidos de dor fizeram poema pela primeira vez. Seis horas e oito frases esconderam um conhecimento extremamente elevado. Os evangelhos exalam até hoje o perfume da serenidade de Jesus Cristo.

CAPÍTULO 11

# Consumando seu plano. O cérebro e a alma

*A 6ª frase: "Tenho sede..."*

O que é mais importante: um cantil de água ou um baú de ouro? Depende. Em um deserto, um cantil de água vale mais do que todo o ouro do mundo. Só valorizamos as coisas simples com as quais convivemos quando delas sentimos falta.

As sessões de tortura e os sangramentos haviam desidratado Jesus. A caminhada em direção ao Calvário o desidratou ainda mais. Para completar, a crucificação e o calor do sol até o meio-dia espoliaram o resto de água do seu debilitado corpo.

Os criminosos ao seu lado deviam pedir água, e talvez fossem atendidos. Mas o Mestre da Vida mantinha-se calado. Nos últimos momentos antes de morrer manifestou uma necessidade que o consumia. Disse: *"Tenho sede!"* (*João 19:28*)

Após seis horas de crucificação, sua língua, gengiva e palato estavam fissurados. Seus lábios, rachados. A sede era imensa. Mas ele não pediu água aos soldados, disse apenas que tinha sede. Mesmo quando falava de suas necessidades mais básicas, o mestre o fazia com brandura.

Jesus mostrava um domínio de si impressionante. Mas quando precisou chorar, ele o fez sem qualquer receio. Do mesmo modo, quando precisava declarar seus sentimentos angustiantes não os disfarçava, como nós muitas vezes fazemos, mas os demonstrava sem temores.

Muitos líderes espirituais, empresariais e políticos têm medo de revelar sua miséria emocional. Receiam falar da sua dor, dos seus conflitos e dos seus temores. Quanto mais sobem na escala do sucesso, mais se aprisionam numa bolha de solidão. Precisam desesperadamente de amigos e gostariam de dividir seus sentimentos mais íntimos, mas se calam para manter a imagem de heróis, enquanto naufragam nas águas da emoção.

O Mestre dos Mestres nunca se aprisionou numa bolha de solidão. Nunca se viu um homem tão seguro como ele, mas, ao mesmo tempo, tão gentil, simples e espontâneo. Quando precisou falar de sua dor, chamou três amigos íntimos, apesar de saber que não tinham condição alguma de consolá-lo (*Mateus 26:37*). Estimulou-nos assim a falar a verdade e a mostrar nossos sentimentos, desde que respeitemos os outros.

Quando não suportou mais a sede, não teve receio de dizer, embora soubesse que não seria atendido. Se os seus carrascos o desafiavam a sair da cruz, certamente zombariam dele se pedisse água. Fizeram pior do que isso.

A dor da sede, quando não é saciada, gera uma das piores angústias humanas. Há pessoas que tomaram a própria urina para matar a sede. Quando Jerusalém foi sitiada em 70 d.C. pelos romanos, as pessoas bebiam água de esgoto.

Da próxima vez que tomar água, usufrua prolongadamente o prazer de bebê-la. Quando eu escrevia isso, já era quase meia-noite. Senti sede e pedi à minha esposa que me trouxesse um copo d'água. Apesar da hora, ela gentilmente o trouxe, sem demonstrar qualquer insatisfação. Então, ao beber, observei que a água não apenas tinha saciado meu corpo, mas também refrescado minha alma. Lembrei-me de Jesus.

Ao manifestar que estava com sede, os soldados, sem nenhuma piedade, não lhe deram água, e sim vinagre embebido numa esponja (*João 19:29*). O ácido acético do vinagre penetrou em cada fissura da boca de Jesus, provocando uma dor indescritível.

Era o momento de desistir e se esquecer da humanidade. Seus carrascos sentiam prazer em vê-lo contrair-se de dor. Mas Jesus sofreu calado.

Vimos que a emoção controla a leitura da memória e, consequentemente, a capacidade de pensar. Quando estamos sob o foco de uma dor, fechamos os territórios de leitura da memória e reagimos sem pensar. Mas na mente de Jesus o amor abria as janelas da memória e o conduzia a pensar antes de reagir.

Nunca um homem reuniu em um mesmo universo o mundo da emoção e o mundo da razão. Nos limites dos instintos, ele reagiu com o máximo de inteligência. Se os pais da psicologia tivessem estudado o homem Jesus teriam ficado estarrecidos.

## A 7ª frase: "Está consumado!"

Os discípulos de Jesus não entendiam a sua morte. Era inexplicável que um homem tão forte e que falava de Deus como nenhum outro estivesse morrendo como um miserável. Alguns estavam escondidos e amedrontados em Jerusalém, talvez outros estivessem a algumas centenas de metros do Calvário, contemplando de longe o cenário da cruz.

Hoje, distante dos fatos, é mais fácil entender o sentido daquele espetáculo, mas naquela época era quase impossível. Todos choravam a morte de Jesus, e cada lágrima era uma gota de dúvida.

Quem poderia imaginar que o Autor da vida estivesse assistindo, inconsolado, à morte do seu filho? Quem poderia entender que, pela primeira vez na história, um pai via seu filho morrer e, tendo poder para resgatá-lo, não o fazia? Quem poderia aceitar o fato de que uma pessoa forte e inteligentíssima estivesse morrendo como o mais frágil dos homens?

O apóstolo Paulo tinha razão ao escrever que a palavra da cruz é loucura para os que não a compreendem (*I Coríntios 1:18*). Jesus planejou sua vida e sua morte. Morreu da maneira que tinha traçado. Já havia corrido risco de morte antes, mas se esquivou com incrível destreza. Quando chegou o momento, disse simplesmente aos seus íntimos "*É chegada a hora*" e ficou aguardando a escolta.

O Mestre da Vida conseguiu reunir duas características nobilíssimas e quase irreconciliáveis da personalidade: a espontaneidade e uma extraordinária capacidade de planejamento.

Geralmente, as pessoas excessivamente espontâneas não têm metas, espírito empreendedor, nem planejam o futuro. Por outro lado, as pessoas que planejam em demasia suas vidas correm o risco de se tornarem engessadas, tensas e cheias de manias. Em que polo você se encontra?

Quando o vinagre queimou sua boca, fazendo-o gemer de dor, Jesus sabia que já estava nos segundos finais do seu martírio. Tinha plena certeza de que passara pelo tribunal do mais importante juiz de todo o universo. Enquanto sua boca ardia, um alívio se produzia em sua alma.

Então, inesperadamente, deu um grito de vitória. Disse: "*Está consumado!*" (*João 19:30*) Tinha vencido a maior maratona de todos os tempos. Era hora de descansar.

### A 8ª frase: "Pai, nas tuas mãos entrego o meu espírito..."

Ao dizer que tudo estava consumado, ele proclamou em voz alta: "*Pai, nas tuas mãos entrego o meu espírito...*" (*Lucas 23:46*) Por favor, preste atenção nos detalhes dessa frase e nas possibilidades que ela nos abre.

Jesus aqui não clama a "Deus", mas ao "Pai". Após ter passado pelo mais severo julgamento, Deus assume novamente a posição de Pai, e ele, a de filho. É a seu Pai que ele entrega o seu espírito, e não a Deus.

No começo da crucificação, o Pai e o filho entoaram juntos o mais profundo canto de aflição. Sofreram um pelo outro. Na segunda metade, o Pai, a pedido consciente do filho, se torna seu Deus e o julga em favor da humanidade. Deus o desampara. O homem Jesus suporta a maior cadeia de sofrimentos.

Após cumprir seu plano, o filho está apto a realizar duas grandes tarefas. Primeira, ser o grande advogado da humanidade, que, por ser tão bela e tão coroada de falhas, precisará dele como um grande e atuante advogado (I João 2:1). Segunda, retornar ao relacionamento íntimo com seu Pai. O único desamparo que houve entre eles em toda a história do tempo foi resolvido. Os dois construíram juntos o maior edifício do amor e da inteligência.

Ao entregar o seu espírito ao Pai, Jesus abriu a mais importante janela do universo: a janela para a eternidade. Revelou que espírito não é o mesmo que cérebro, que possuímos algo além dos limites do mundo físico, do metabolismo cerebral – algo que chamamos de espírito e de alma.

## A última fronteira da ciência

A última frase de Jesus revela os maiores enigmas da ciência. A última fronteira da ciência consiste em saber exatamente quem somos, desvendando os limites e as relações entre a alma e o cérebro.

Qual é a natureza da solidão? Do que são constituídas a alegria e a ansiedade? Qual é o tecido que confecciona os pensamentos? As ideias são o produto de reações químicas? E a consciência humana é fruto do metabolismo cerebral ou possui um campo de energia metafísico além do mundo físico? Estas indagações envolvem segredos que interpelam a ciência.

Não pense, como já comentei, que os grandes segredos estão no espaço. Eles estão dentro de cada um de nós, no mundo das ideias e dos pensamentos que deflagram a cada momento um espetáculo único no palco de nossas mentes. A ciência, em seu estágio atual, não consegue explicar o ser humano. O que temos são inúmeras teorias desconexas na psiquiatria, na psicologia, na neurociência que geram mais dúvidas do que um real entendimento.

No mundo científico existe uma corrente humanista de pesquisadores que crê que a alma não é o cérebro. Ela afirma a existência de um campo de energia emocional e intelectual que não decorre apenas do metabolismo cerebral. Muitos psicólogos, psiquiatras e filósofos fazem parte dessa corrente.

Há outra corrente, chamada de organicista, que acredita que a alma e o espírito são meramente químicos. Segundo ela, pensar e se emocionar são apenas fruto de reações químicas cerebrais. Muitos respeitados organicistas estudam com afinco a fisiologia, a anatomia, o metabolismo e as sinapses cerebrais (comunicação entre os neurônios).

Há uma terceira corrente que é a maior de todas e fica no meio do caminho. Ela não sabe dizer se a alma é química ou não, pois não considera este assunto. Seus adeptos exercem suas funções como psicólogos, psiquiatras, sociólogos, educadores, sem entrar na seara de ideias filosóficas.

Os humanistas criticam o uso exclusivo dos medicamentos psicotrópicos. E os organicistas acreditam que só esses medicamentos resolvem as doenças psíquicas, pois os distúrbios, segundo eles, decorrem de erros metabólicos.

Não faz muito tempo, um paciente que estava com depressão me disse que seu psiquiatra anterior o impedira de procurar uma psicoterapia, afirmando que o problema só poderia ser resolvido com remédios.

Muitos psiquiatras organicistas usam determinadas teorias

como se fossem verdades absolutas. Nem os cientistas que as elaboraram as consideraram dessa forma. Mas seus discípulos, desconhecendo os limites das teorias, fazem delas verdades irrefutáveis. Por isso afirmam que somente medicamentos antidepressivos ou tranquilizantes resolverão a depressão, a síndrome do pânico, o transtorno obsessivo.

Na ciência, os piores inimigos de uma teoria sempre foram os discípulos radicais. Por usá-la sem critérios, distorcem seu valor e produzem opositores igualmente radicais. Esse radicalismo também ocorre entre os humanistas. Os maiores inimigos de Freud ou de Marx não foram os de fora, mas os próprios freudianos e marxistas radicais. Eles tomaram a teoria psicanalítica e a socialista como verdades absolutas e irrefutáveis e se tornaram assim incapazes de abrir o leque do pensamento e corrigir suas rotas.

Se você for radical na sua família, em seu trabalho, na sua maneira de ver o mundo, estará engessando sua capacidade de pensar e conquistando uma série de opositores. Ainda que estes não se pronunciem. O radicalismo é uma armadilha contra nós mesmos.

Os fariseus foram radicais. Achavam que estavam prestando culto a Deus quando mataram Jesus. Jesus foi o mais antirradical dos seres humanos. Não queria seguidores cegos, mas pessoas especialistas na arte de pensar, de amar e de incluir. O discurso de Jesus sobre o amor, o perdão, a compaixão, a paciência e a solidariedade é a mais eficiente vacina contra o radicalismo. Se essas características fossem trabalhadas minimamente nos cientistas, daríamos um salto sem precedentes na ciência.

Os humanistas radicais tendem a cair, às vezes, no misticismo, supervalorizando fenômenos que só eles conseguem perceber e, consequentemente, correndo o risco de se perder no meio de ideias vagas. E os neurocientistas radicais tendem a cair no cientificismo, só admitindo fenômenos controlados e observáveis, engessando assim sua inteligência por adotarem ideias rígidas. Os humanistas querem analisar o ser humano dentro do mundo, e os neurocientistas querem aprisioná-lo dentro de um laboratório.*

## Os limites e as relações entre a alma e o cérebro

Todas essas correntes de pensamento existem porque somos uma espécie complexa. De fato, a última fronteira da ciência é conhecer nossas origens. Descobrimos bilhões de galáxias, mas não sabemos quem somos. Desconhecemos qual é a natureza que nos tece como seres que pensam e sentem.

Afinal, a alma é química ou não? Qual das duas correntes de pensamento está correta, a dos pensadores humanistas ou a dos neurocientistas organicistas?

Ambas possuem verdades. Escrevi, durante anos, uma importante e longa tese discorrendo sobre os diversos fenômenos que ocorrem no processo de construção de pensamentos e que evidenciam que a alma não é química. Apesar de não ser química, ela mantém uma relação tão intensa e interativa com o cérebro que faz com que pareça ser química. Talvez um dia publique essa tese.

O *homo sapiens* é uma espécie mais complexa do que imaginamos. Pensar, sentir solidão, sentir alegria, conforto, amor são fenômenos que ultrapassam os limites da lógica do metabolismo cerebral. Nesse sentido, os pensadores humanistas estão corretos. Mas, se levarmos em consideração que a alma coabita, coexiste e interfere com o cérebro de maneira tão estreita, verificaremos que os neurocientistas também estão corretos, pois um erro metabólico pode causar doenças psíquicas.

Ao estudar o processo de construção de pensamentos, per-

---

* Durant, Will. *História da filosofia*. Rio de Janeiro: Nova Fronteira, 1996.

cebi claramente que a lógica do cérebro não explica completamente o mundo ilógico das ideias e das emoções. Por isso, concluí, depois de milhares de páginas escritas, que de fato cada ser humano é um baú de segredos incalculáveis. Temos um campo de energia psíquica mais complexo do que todos os fenômenos do universo.

A construção de um simples sentimento de culpa ou tristeza possui uma complexidade inimaginável, capaz de ultrapassar em muito a lógica do metabolismo cerebral.

Da próxima vez que você estiver ansioso ou angustiado, admire estes sentimentos. Não tenha medo das suas dores emocionais. Saiba que elas são fruto de reações de indizível sofisticação e beleza.

## A sustentação científica da última e enigmática frase de Cristo

Por não compreenderem a relação estreita, íntima e multidirecional da alma com o cérebro, os cientistas têm vivido milhares de enganos e dúvidas sobre quem somos. Nunca se esqueça que você é uma caixa de segredos. Somos, de fato, complexos. Nunca perca sua autoestima, compreenda que você não é um simples ser humano, mas um ser humano inexplicável.

Ao estudar a mente humana, compreendi que a construção da inteligência e a transformação da energia psíquica possuem fenômenos e variáveis tão complexos que não é possível explicá-los sem a existência de um grande Criador. O mundo das ideias e das emoções possui fenômenos ilógicos que não se explicam pelos fenômenos lógicos do mundo físico.

Toda a minha abordagem nesses últimos tópicos teve como objetivo dar sustentação "científica" à ultima frase de Jesus Cristo. Nela ele faz a separação entre o espírito e a matéria. Entre a alma e o cérebro. Quando entregou seu espírito ao Pai, ele acreditava plenamente que o seu corpo iria para um túmulo de pedra, mas que seu espírito voltaria para o Autor da vida.

A maior dúvida da humanidade é se existe ou não vida após a morte. A fé afirma que existe, a ciência se cala porque não tem resposta. Todavia, na teoria que desenvolvi, fiz se acender, talvez pela primeira vez, uma luz para a ciência.

Se as evidências científicas dizem que a construção de pensamentos ultrapassa os limites da lógica do cérebro, então há um campo de energia metafísico que coabita, coexiste e interfere com o cérebro, mas não é o cérebro. Portanto, quando o cérebro morre e se decompõe, este campo de energia, que chamamos de alma e que inclui o espírito humano, será preservado do caos da morte. Se isso for verdade, é a melhor notícia científica dos últimos séculos.

Jesus não precisava dessas informações. Ele dizia possuir a vida eterna. Acreditava, sem qualquer margem de dúvida, que superaria a morte. Tinha sofrido muito, ficado longe de sua casa e do seu Pai, mas agora retornava a Ele.

## Respeitado e amado em todo o mundo

Há inúmeras faculdades de teologia no mundo, pertencentes a diversas religiões, que estudam Jesus Cristo. Respeito todas essas faculdades e as religiões que professam. Elas estão incumbidas de fazer os alunos conhecerem Jesus Cristo e seus ensinamentos.

Alguns dos alunos fazem mestrado e doutorado. Mas precisamos admitir que, quanto mais falamos de Jesus Cristo e penetramos nos recônditos dos seus pensamentos e nas implicações complexas das suas palavras, mais o admiramos e mais tomamos consciência de que o conhecemos muito pouco.

Julgo não ter grande mérito como escritor, pois acredito que é ao fascínio do personagem que descrevo nos livros desta coleção que se deve o seu sucesso. Os livros têm sido usados por pessoas de todas as religiões e adotados em diversas escolas de ensino fundamental e médio, assim como em muitas faculdades, inclusive de teologia. A teologia precisa estudar a psicologia da dimensão humana de Jesus Cristo para compreender melhor a sua magnífica personalidade.

Bilhões de pessoas de inúmeras religiões se dizem cristãs. As que não seguem Jesus Cristo, como os confucionistas, os budistas, os islamitas e os hinduístas, o admiram muito. Jesus Cristo é universalmente amado e admirado.

Ele sacrificou-se por toda a humanidade e não para um grupo de religiões específicas. Seus ensinamentos, sua inteligência suprema, sua sabedoria, sua causa e seu plano respeitam a cultura das pessoas e são capazes de penetrar no território da emoção e do espírito de cada uma delas, tornando-as mais felizes, estáveis, contemplativas, inteligentes.

### O que significa retornar ao Pai

A última frase de Jesus Cristo esconde um grande enigma. Das milhares de frases que ele proferiu durante sua vida, essa é sem dúvida uma das mais enigmáticas. O que significa entregar o seu espírito ao Pai? Que retorno é este?

Vamos voltar a cerca de 20 horas antes da morte de Jesus e compreender as palavras contidas na sua mais longa e complexa oração (*João 17*). Ao terminar a última ceia, ele saiu da presença dos discípulos e fez uma oração surpreendente. Nela declarou pela primeira vez a sua identidade. Os discípulos ficaram confusos, pois o mestre nunca tinha orado daquela maneira.

Jesus elevou os olhos ao céu e começou sua oração. Olhar para o céu também indica que o mestre estava olhando não para as estrelas, mas para uma outra dimensão fora dos limites do tempo e do espaço, além dos fenômenos físicos.

Em sua oração ele começou a assumir abertamente que não

era apenas um homem, mas também o filho de Deus. Declarou que era eterno, que habitava em outro mundo e possuía uma natureza ilimitada, sem as restrições físicas do seu corpo. Revelou algo perturbador. Apesar de ter pouco mais de 33 anos, disse: "*Glorifica-me, ó Pai, contigo mesmo, com a glória que eu tinha junto de ti, antes que o mundo existisse*" (*João 17:5*).

A palavra grega usada no texto para "mundo" significa "cosmo". Cristo declarou que antes que houvesse o "cosmo" físico ele estava junto com o Pai na eternidade.

Há bilhões de galáxias no universo, mas antes que houvesse o primeiro átomo e a primeira onda eletromagnética ele já se encontrava. Disse que sua história ultrapassava os parâmetros do espaço e do tempo contidos na teoria da relatividade de Einstein.

Ao dizer essas palavras, Jesus não delirava, pois era sábio, lúcido, coerente e sereno em tudo o que fazia. Mas como pode alguém afirmar que já existia no princípio do princípio? Como pode declarar que estava vivo no início antes do início, antes de qualquer princípio existencial? O que nenhum ser humano teria coragem e capacidade para dizer sobre si mesmo, Jesus Cristo afirmou com a mais alta segurança!

O tempo é o "senhor" da dúvida. O amanhã não pertence aos mortais. Não sabemos se daqui a uma hora estaremos vivos ou não. Entretanto, Cristo foi tão ousado que inferiu que estava além dos limites do tempo. O passado, o presente e o futuro não o limitavam. As respostas do mestre eram curtas, mas suas implicações deixam embaraçados quaisquer pensadores.

O Mestre da Vida continua, em vários aspectos, um grande mistério. Como pode um homem ter, a poucas horas de sua morte, um desejo ardente de resgatar o estado indestrutível, sem as restrições, imperfeições, angústias e dores que possuía antes do "cosmo" físico? Como pode alguém que está morrendo numa cruz declarar, no seu último minuto de vida, que entrega o espírito ao seu Pai, afirmando assim que o caos da morte não o destruirá para sempre?

Fica mais fácil compreender por que, apesar de ter morrido na cruz há dois mil anos, Jesus ainda é o mais falado e conhecido dos seres.

Depois de ter vivido e pisado como homem no árido solo desta existência e de ter passado seis longas horas na cruz, sofrendo agonias inexprimíveis, ele retornou à sua casa.

A vida ficou mais agradável e suave depois da sua vinda. A humanidade conquistou novos rumos, pois uma revolução silenciosa passou a ocorrer na alma e no espírito de milhões de pessoas. Muitas ainda hoje se emocionam quando navegam por sua história.

## CAPÍTULO 12

# Morreu na cruz, mas permaneceu vivo no coração dos seres humanos

*Um grito de vitória: morre o homem mais espetacular da história*

Os textos dizem que, quando se entregou ao seu Pai, Jesus soltou um grito inexprimível (*Mateus 27:50*). Um homem morrendo não tem forças para gritar. Mas sua missão era tão complexa e exigia tanto dele que ao cumpri-la Jesus deu um grito de vitória.

Venceu a ansiedade como nenhum psicólogo o faria. Venceu a depressão como nenhum psiquiatra. Venceu a impaciência como nenhum filósofo. Venceu os desafios da vida como nenhum empresário. Venceu o orgulho e a autossuficiência como nenhum educador. Passeou pelos vagalhões da emoção como quem anda em solo firme.

Venceu o medo da morte, o vexame público, a inibição social, a incompreensão do mundo, o desrespeito dos religiosos, a arrogância dos políticos, o terror noturno, as frustrações. Foi o ser humano mais tranquilo que já passou por esta terra. Foi o mais resolvido, o maior poeta da emoção, o maior mestre da sabedoria e o mais afinado maestro da vida. A sinfonia que tocou e as lições que nos deu não têm precedentes na história.

Só não foi grande aos olhos daqueles que até hoje não tiveram a oportunidade de estudá-lo, ou das pessoas que, como os fariseus, são dominadas por seus paradigmas e conceitos rígidos.

Depois de ter vencido tudo, não havia outra coisa a fazer a não ser comemorar. Comemorou morrendo. Dormiu em paz.

No momento da sua morte, alguns fenômenos físicos ocorreram (*Mateus 27:51 a 53*). O centurião, o chefe da guarda que o crucificara, ao ver o seu fim, dobrou-se aos seus pés. Admitiu: "*Verdadeiramente este homem era filho de Deus*" (*Mateus 27:54 / Lucas 23:47*). Foi a primeira vez na história que um soldado de alta patente se dobrou aos pés de um miserável crucificado.

O centurião observara todos os comportamentos de Jesus e guardara tudo em sua memória. Quando o viu morrer consciente, dizendo as palavras que pronunciou, seu coração abriu-se e ele descobriu algo extraordinário. Descobriu um tesouro escondido atrás da cortina do corpo magro e abatido de Cristo. Como pode um corpo fraco e dilapidado inspirar homens fortes?

Jesus descansou tranquilo, sem ter qualquer dívida com os outros, sem levar nenhuma dívida. Talvez tenha sido a primeira pessoa na história que fechou os olhos da existência sem cicatrizes na memória. Nunca alguém foi tão livre nos terrenos conscientes e inconscientes de sua personalidade! O mundo conspirava contra ele, mas Jesus não teve inimigos em sua alma.

## *A história se dividiu*

Maria, mãe de Jesus, chorava copiosamente. João tentava consolá-la, embora estivesse inconsolado. Tomou-a nos braços e conduziu-a pelo caminho, mas estava sem rumo, pois tinha perdido sua bússola.

Maria Madalena não queria ir embora. Era como se o corpo

sem vida de Jesus lhe pertencesse. Colocou o rosto sobre seus pés e permaneceu no Calvário. A multidão, paralisada, levou tempo para se retirar.

Jesus morreu e descansou de suas dores. A morte lhe deu trégua nas aflições. Antes de ser preso, dissera no Jardim do Getsêmani: *"A minha alma está triste até a morte"* (*Mateus 26:38*). O jardineiro da vida descansou.

Precisamos refletir sobre os conflitos da humanidade. Embora mais culta, ela está mais ansiosa e infeliz. Possui mais tecnologia, mas menos sabedoria e menos habilidade para lidar com perdas e frustrações. Estamos sem referencial, adoecendo coletivamente.

A maneira como Jesus Cristo gerenciou seus pensamentos, protegeu sua emoção e lidou com os complexos papéis da história é capaz de não apenas assombrar qualquer pesquisador da psicologia, mas também de ajudar a prevenir as mais insidiosas doenças psíquicas das sociedades modernas.

A psicologia e a psiquiatria têm muito a aprender com a personalidade do homem Jesus. Ele é a maior enciclopédia de conhecimentos sobre as funções mais importantes da inteligência e da saúde da emoção. O que ele viveu e falou nos momentos finais da sua vida não tem precedente histórico. É a mais bela passagem da literatura mundial.

Um dia morreremos também. Quem se lembrará de mim e de você? Que sementes plantamos para que possam germinar nos que ficam? Algumas pessoas são esquecidas para sempre, porque viveram mas não semearam. Outras se tornam memoráveis. Partem, mas seus gestos, seu carinho, sua tolerância permanecem vivos no recôndito da memória dos que ficam.

O grande amigo da mansidão foi tão extraordinário que partiu ao meio a violenta história da humanidade. Jesus morreu, mas o que ele foi e fez o tornaram simplesmente um Mestre Inesquecível.

Ao morrer, parecia o mais derrotado dos seres humanos.

Foi abandonado pelos amigos e destruído pelos inimigos. Mas sua história e sua morte foram de tal forma magníficas que ele simplesmente dividiu a história da humanidade. A partir da existência de Jesus, ela é contada a.C. (antes de Cristo) e d.C. (depois de Cristo).

Sua tranquilidade e generosidade transformaram-se em gotas de orvalho que umedeceram o seco solo dos nossos sentimentos. O mundo nunca mais foi o mesmo depois que o Mestre do Amor passou por aqui. Faz muitos séculos, mas parece que foi ontem.

*A vida, um espetáculo imperdível*

Quando um semeador sepulta uma semente, ele se entristece por alguns momentos e se alegra para a posteridade. Entristece-se porque nunca mais a verá. Alegra-se porque ela renascerá e se multiplicará em milhares de novas sementes.

O Mestre do Amor semeou as mais belas sementes no árido solo da alma e do espírito humanos. Cultivou-as com suas aflições e irrigou-as com seu amor. Foi o primeiro semeador que deu a vida por suas sementes. Por fim, elas germinaram e transformaram a emoção e a arte de pensar em um jardim com as mais belas flores.

A vida ficou mais alegre e mais suave depois que ele nos ensinou a viver. Jesus foi famoso e seguido de maneira apaixonada, mas perseguido como o mais vil de todos. Soube ser alegre e soube sofrer. Fez da vida humana uma fonte de inspiração. Escreveu recitais com sua alegria e poemas com sua dor.

Teve o maior sonho e a maior meta de todos os tempos. Talvez fosse a única pessoa que conseguia erguer os olhos e ver os campos verdejando quando só havia pedras e areia à sua frente. Ele nos ensinou que é preciso ter metas, nos encorajou a sonhar com essas metas. Mostrou-nos que podemos romper as algemas do medo e as amarras de nossas dificuldades. Colocou colírio em nossos olhos e nos revelou que nenhum deserto é tão árido e tão longo que não possa ser transposto.

Usou a energia de cada uma de suas células para viver intensamente cada momento e atingir seu grande objetivo. Sua história foi pautada por grandes turbulências, mas ele se considerou privilegiado como ser humano. A cruz foi a expressão solene do seu amor pela vida. Faltam-nos recursos literários para expressar a sua grandeza.

Jesus foi um maestro da vida. Transformou as dificuldades e os problemas em ferramentas para afinar os instrumentos da inteligência e da emoção. Regeu a orquestra sinfônica da sabedoria numa terra onde se cantava a música do preconceito e da rigidez.

Tinha todos os motivos do mundo para desistir e para desanimar. Mas nunca desistiu da vida nem deixou de se encantar com o ser humano. A vida que pulsava nas crianças, nos adultos e nos idosos era esplêndida para ele. Jesus nos amou com todas as suas forças, apesar de saber que não somos gigantes nem heróis.

Jamais se esqueça de que, independentemente de sua religião ou filosofia de vida, a trajetória de Jesus Cristo na terra revela a mais bela história de amor por você. Podemos ter todos os defeitos do mundo, mas ainda assim somos especiais. Tão especiais, que as duas pessoas mais inteligentes e poderosas do universo – o Autor da vida e seu filho – cometeram loucuras de amor por nós.

Pai e filho são apaixonados pela humanidade. Suas atitudes não cabem nos compêndios de filosofia, direito, psicologia e sociologia. Elas ultrapassam os limites da nossa compreensão.

Nunca nossas vidas valeram tanto! Nunca nossas vidas foram resgatadas por um preço tão alto! Cada ser humano foi considerado uma obra de arte única, inigualável, exclusiva, singular, excepcional!

A história de Jesus Cristo é o maior laboratório de autoestima para a humanidade. Não podemos deixar de concluir que vale a pena viver! Mesmo que tenhamos percalços, que choremos, que sejamos derrotados, que fiquemos decepcionados com nós mesmos e com o mundo, que sejamos incompreendidos e que encontremos obstáculos gigantescos à nossa frente.

Por isso, desejo que você nunca desista de caminhar. Caminhando, não tenha medo de tropeçar. Tropeçando, não tenha medo de se ferir. Ferindo-se, tenha coragem para corrigir algumas rotas da sua vida, mas não pense em recuar. Para não recuar, nunca deixe de amar o espetáculo da vida, porque, ao amá-lo, ainda que o mundo desabe, você jamais desistirá de caminhar...

A vida é simplesmente um espetáculo imperdível, uma aventura indescritível.

# APÊNDICE

## A destruição de Jerusalém em 70 d.C.

Quem discorre sobre a queda de Jerusalém é o historiador Flávio Josefo.* Ele viveu entre 37 e 103 d.C. Seu pai era da linhagem de sacerdotes, e sua mãe, da linhagem real hasmoneana. Tinha vasta cultura, falava, além do hebraico, o grego e o latim. Pertencia ao grupo dos fariseus. Quando irrompeu a revolta dos judeus contra os romanos em 66 d.C., portanto mais de 30 anos depois da morte de Jesus Cristo, Josefo foi convocado para dirigir as operações contra Roma, na Galileia.

O Império Romano crescia a cada década. À medida que crescia, a máquina estatal inchava e necessitava de mais alimentos e dinheiro para financiá-la. A obsessão dos césares de dominar o mundo não era apenas fomentada pela cobiça, mas também por uma necessidade de sobrevivência. Quanto mais terras dominavam, mais impostos cobravam.

Josefo logrou algumas vitórias contra o exército romano, mas terminou sendo derrotado e aprisionado. Quem iniciou a luta contra Jerusalém foi o general Vespasiano, que depois substituiu

---

* Josefo, Flávio. *A história dos hebreus*. Rio de Janeiro: CPAD, 1990.

Nero no império. Quando Josefo foi derrotado na Galileia, passou a colaborar com Vespasiano e depois com seu filho Tito, que assumiu o lugar do pai na luta contra a cidade.

A insurreição de Jerusalém contra Roma surgiu num período lamentável, na época da festa da páscoa. Milhares de judeus tinham vindo de muitas nações para comemorá-la. Foram pegos de surpresa e não imaginavam a tragédia que os aguardava.

Dois líderes judeus ambiciosos, João e Simão, começaram a fazer uma espécie de guerra civil dentro da cidade. Saqueavam as casas, queimavam alimentos e queriam minar as forças um do outro. Com o ataque dos romanos, eles se uniram. Aproveitaram o fervilhar do povo na festa da páscoa para incitá-lo contra o Império Romano. Foi um ato de consequências desastrosas. Fecharam-se em Jerusalém sem ter provisões suficientes para sustentar a revolta.

As muralhas de Jerusalém eram altas, difíceis de serem transpostas. Tito tentava frequentes incursões em vão. Mas, segundo Josefo, o general romano zombava desses muros e exaltava a força do seu exército. Dizia: "Os romanos são o único povo que treina seus exércitos em tempos de paz."

Enquanto cercava Jerusalém e privava o povo das suas necessidades básicas, como alimento e água, Tito enviava constantes recados para que os revoltosos se entregassem. Jerusalém lutava por seus direitos, por sua liberdade, e Roma lutava por seu orgulho, por seu império. O direito do povo de Israel de ser livre e dirigir seu próprio destino jamais poderia ser negado pelo domínio de qualquer império.

Josefo, embora prisioneiro, desfrutava de grande prestígio perante Tito. Tentou persuadir insistentemente os líderes judeus a se render, dizendo que aquela empreitada era louca. Queria evitar a guerra e o massacre, mas não conseguiu dissuadi-los.

A fome e a sede foram aumentando. Alguns judeus saqueavam os mais fracos. Os cadáveres se espalhavam pela cidade, exalando mau cheiro e espalhando epidemias. Por fim, o exército romano promoveu um dos maiores massacres da história.

Jerusalém foi destruída no ano de 70 d.C. Morreram cerca de um milhão e cem mil homens, mulheres e crianças, vítimas da guerra e das suas consequências. O solo da bela cidade absorveu o sangue e as lágrimas de muitos inocentes. Mais uma vez a história humana maculou-se com atrocidades inexprimíveis.

## O general Tito constrói o Coliseu

Josefo, após a guerra, vai com Tito para Roma. Este é recebido por seu pai com grandiosa pompa. Josefo em seus textos chama Tito de "o valente general que depois de ver a destruição de Jerusalém se condoía dela...".

Josefo lamentou profundamente a destruição do seu povo em muitos textos, mas em outros exalta o destruidor de Jerusalém e por isso foi considerado pelos judeus como um oportunista. É provável que seus textos tenham passado pela Censura de Roma. Se foi assim, talvez os elogios de Josefo a Tito não façam parte das suas reais intenções.

Josefo foi, sim, um interlocutor de Roma para evitar a guerra, pois tinha consciência de que se opor ao império era suicídio. Como dissemos, apesar de todos os seus apelos, não teve êxito. O Império Romano destruiu completamente a cidade de Jerusalém. Tito levou 97 mil prisioneiros para Roma. Após a morte de Vespasiano, também se tornou imperador, mas por pouco tempo.

Depois de destruir Jerusalém, Tito construiu, durante o império de seu pai, uma das mais belas maravilhas do mundo, o Coliseu de Roma. É provável que o sangue e o suor dos judeus cativos tenham sido usados nessa construção. As imensas pedras torneadas, pesando toneladas, foram rigorosamente encaixadas para produzir o templo dos gladiadores. Quem tem a oportunidade de conhecer essa magna construção se encanta com a arquitetura e a engenharia tão evoluídas em tempos tão remotos.

A dor e a miséria humana sempre excitaram o território da emoção daqueles que não lapidam sua inteligência com as mais nobres funções. O Coliseu foi um teatro onde a euforia e o medo chegaram às últimas consequências. Os homens lutavam entre si e com feras até a morte. A multidão delirava na plateia, enquanto no palco uma minoria era transformada em animais. A dor serviu de pasto para uma emoção que não sabia amar nem valorizar o espetáculo da vida.

## *Josefo fala de Jesus Cristo*

Josefo é considerado um dos maiores historiadores de todos os tempos. Seus escritos se tornaram uma das mais ricas fontes de informações sobre povos antigos, sobre o Império Romano, sobre outros impérios e sobre o povo judeu.

Ele faz importantes relatos sobre Augusto, Antônio, Cleópatra, os imperadores Tibério, Calígula, Cláudio, Nero, Vespasiano e Tito, sobre alguns reis da Síria e outros personagens. Sua contribuição para a compreensão do mundo antigo foi muito grande. Apesar de ter sido da linhagem dos fariseus, também fez uma descrição sintética, mas elogiosa e surpreendente, da vida de Jesus e dos personagens envolvidos, como o rei Herodes (o que mandou matar o menino Jesus), Arquelau e Pilatos. Seus escritos dão veracidade histórica a diversas passagens dos evangelhos.

Os relatos diretos e sintéticos sobre Jesus expressam como ele causava perplexidade e possuía grandeza nos seus gestos e palavras. Josefo descreve o aparecimento de Jesus.

Era no tempo de Pilatos: um homem sábio, se todavia devemos considerá-lo simplesmente como um homem, tanto suas obras eram admiráveis.

"Ele ensinava os que tinham prazer de ser instruídos na verdade e foi seguido não somente por muitos judeus, mas por muitos gentios. Era o Cristo. Os mais ilustres de nossa nação acusaram-no perante Pilatos e este o fez crucificar.

"Os que o haviam amado durante a vida não o abandonaram depois da morte. Ele lhes apareceu ressuscitado e vivo no terceiro dia, como os santos profetas o tinham predito, e que ele faria muitos outros milagres. É dele que os cristãos, que vemos ainda hoje, tiraram o seu nome."

Josefo considerava Jesus um sábio. Considerava-o também um mestre cativante, pois provocava nas pessoas o prazer de serem instruídas. Josefo ainda dizia que Jesus tinha feito obras admiráveis e que era mais do que um ser humano. Talvez, por isso, tenha registrado que ele era o Cristo. Seu argumento sobre Jesus como o Cristo entra na esfera da fé que, como tenho dito, é cunhada por ditames pessoais.

Se lermos as obras de Josefo, não há sinal claro de que tenha se tornado um cristão. Entretanto, por ter a ousadia de considerar Jesus como o Cristo, apenas 30 ou 40 anos após sua crucificação, e de relatar que ele tinha superado o caos da morte pela ressurreição, mostra que sua vida passara por profundas reflexões existenciais. Talvez não tenha comentado mais sobre Jesus e sobre os cristãos porque estes eram intensamente perseguidos em sua época.

Foram utilizadas as seguintes versões dos evangelhos: a Bíblia de Jerusalém, João Ferreira de Almeida, King James e Recovery Version.

# CONHEÇA OUTROS TÍTULOS DA COLEÇÃO ANÁLISE DA INTELIGÊNCIA DE CRISTO

### O Mestre dos Mestres

Ao longo da história, muitas pessoas conseguiram mudar o curso da política, da filosofia, da ciência ou da religião. Houve um homem, no entanto, que foi capaz não só de abalar os alicerces do pensamento como de alterar para sempre a trajetória da humanidade.

Esse homem foi Jesus Cristo e seus ensinamentos geram frutos há mais de 2 mil anos. Sua incomparável personalidade o torna o perfeito ponto de partida para uma investigação sobre o funcionamento da mente e sua surpreendente capacidade de superação.

Em *O Mestre dos Mestres*, primeiro volume da coleção Análise da Inteligência de Cristo, Augusto Cury faz uma abordagem original da vida desse grande personagem, revelando que sua inteligência era bem mais grandiosa do que imaginamos.

Sob o ponto de vista da psicologia, Cury apresenta um fascinante estudo do comportamento de Jesus, iluminando os aspectos mais notáveis de suas atitudes. Não importam quais sejam suas crenças, sua religião, posição social ou condição financeira, a mensagem de Cristo é universal e fala ao coração de todas as pessoas.

## O Mestre da Sensibilidade

Em *O Mestre da Sensibilidade*, segundo livro da coleção Análise da Inteligência de Cristo, Augusto Cury apresenta um estudo sobre as emoções de Jesus e explica como ele foi capaz de suportar as maiores provações em nome da fé.

Jesus demonstrou ser um grande mestre na escola da vida diante das angústias que antecederam sua morte, como a traição de Judas, a falta de apoio dos discípulos e a consciência do cálice que iria beber.

O sofrimento, em vez de abatê-lo, expandiu sua inteligência. Através de sua história, Jesus provou que é possível encarar a dor com sabedoria. Apesar de ter todos os motivos para desistir de seu chamado e tornar-se uma pessoa fechada e agressiva, tornou-se um ícone de celebração à alegria, à liberdade e à esperança.

O exemplo de Jesus nos ajuda a melhorar a qualidade de vida e a prevenir doenças psíquicas como a depressão, a ansiedade e o estresse. Analisar seu brilhante comportamento acende as luzes de nossa consciência e nos torna pessoas mais abertas para as infinitas maravilhas da existência.

## O Mestre da Vida

Jesus Cristo dedicou seus dias a nos mostrar o caminho da sabedoria e, mesmo no auge da dor física e psicológica, foi capaz de transmitir lições de fé, de amor, de superação e de humildade.

Em *O Mestre da Vida*, terceiro volume da coleção Análise da Inteligência de Cristo, Augusto Cury decifra as profundas mensagens deixadas por Jesus desde a sua prisão e o seu julgamento até a sua condenação à morte na cruz.

Lançando uma nova luz sobre as passagens mais comoventes da Bíblia, Cury nos faz redescobrir esse grande personagem que foi o divisor de águas da história da humanidade. Ele não usava armas nem tinha um exército atrás de si. Sua única arma eram suas palavras e atitudes. Quando falava, arrastava multidões, incendiava corações e destruía preconceitos.

As histórias que você encontrará aqui ensinam que não devemos ter medo de viver, que só nos tornamos verdadeiramente livres quando somos fiéis às nossas e que precisamos ter fé e esperança para superar os momentos difíceis de nossa existência.

## O Mestre Inesquecível

No último livro da coleção Análise da Inteligência de Cristo, Augusto Cury estuda a face de Jesus como mestre, educador e artesão da personalidade. *O Mestre Inesquecível* revela o fantástico crescimento psíquico e intelectual vivido pelos apóstolos e mostra como Jesus os transformou nos excelentes pensadores que revolucionaram a humanidade.

Para formar seguidores aptos a difundir suas palavras, Jesus escolheu homens simples e desenvolveu neles a arte de pensar, a tolerância, a solidariedade, o perdão, a capacidade de se colocar no lugar do outro, o amor e a tranquilidade.

Numa época em que o ensino está em crise, a história de Jesus e seus discípulos nos ajuda a abrir os olhos para o verdadeiro sentido da educação: mais do que transmitir informações, educar é produzir a capacidade de pensar, de questionar, de superar desafios, de compreender o mundo e de tornar-se melhor a cada dia.

Para fechar com chave de ouro esta coleção, Cury nos mostra que Jesus foi o maior exemplo de dignidade, fraternidade e abnegação que já pisou nos solos áridos da Terra.

# CONHEÇA OUTROS TÍTULOS DO AUTOR

## O FUTURO DA HUMANIDADE

*O futuro da humanidade* conta a trajetória de Marco Polo, um jovem estudante de medicina de espírito livre e aventureiro como o do navegador veneziano do século XIII, em quem seu pai se inspirou ao escolher seu nome.

Ao entrar na faculdade cheio de sonhos e expectativas, Marco Polo se vê diante de uma realidade dura e fria: a falta de respeito e sensibilidade dos professores em relação aos pacientes com transtornos psíquicos, que são marginalizados e tratados como se não tivessem identidade.

Indignado, o jovem desafia profissionais de renome internacional para provar que os pacientes com problemas psiquiátricos merecem mais atenção, respeito e dedicação – e menos remédios. Acreditando na força do diálogo e da psicologia, ele acaba causando uma verdadeira revolução nas mentes e nos corações das pessoas com quem convive.

Uma história de esperança e de luta contra as injustiças, este livro é a saga de um desbravador de sonhos, de um poeta da vida, de um homem disposto a correr todos os riscos em nome daquilo que ama e acredita.

## O HOMEM MAIS INTELIGENTE DA HISTÓRIA

Psicólogo e pesquisador, Dr. Marco Polo desenvolveu uma teoria inédita sobre o funcionamento da mente e a gestão da emoção. Após sofrer uma terrível perda pessoal, ele vai a Jerusalém participar de um ciclo de conferências na ONU e é confrontado com uma pergunta surpreendente: Jesus sabia gerenciar a própria mente?

Ateu convicto, Marco Polo responde que ciência e religião não se misturam. No entanto, instigado pelo tema, decide analisar a inteligência de Cristo à luz das ciências humanas. Ele esperava encontrar um homem simplório, com poucos recursos emocionais. Mas ao mergulhar na inquietante biografia de Jesus presente no Livro de Lucas, suas crenças vão sendo pouco a pouco colocadas em xeque.

Para empreender essa incrível jornada, Marco Polo vai contar com uma mesa-redonda composta por dois brilhantes teólogos, um renomado neurocirurgião e sua assistente, a psiquiatra Sofia. Juntos, eles irão decifrar os sentidos ocultos em um dos textos mais famosos do Novo Testamento.

Os debates são transmitidos via internet e cativam espectadores em todo o mundo – mas nem todos estão preparados para ver Jesus sob uma ótica tão revolucionária. Agora os intelectuais terão que lidar com seus próprios fantasmas emocionais e encarar perigos que jamais imaginaram enfrentar.

## O HOMEM MAIS FELIZ DA HISTÓRIA

*O homem mais feliz da história* é um romance protagonizado pelo psiquiatra Marco Polo, um pensador ateu e mundialmente reconhecido que ousa estudar a complexa mente de Jesus sob o ângulo da ciência.

Em uma jornada surpreendente, ele procura desvendar os misteriosos códigos da felicidade ocultos no mais famoso discurso do Mestre dos Mestres: o Sermão da Montanha. Ao mesmo tempo que fica fascinado com suas descobertas, Marco Polo sofre uma perseguição implacável de forças ocultas que farão de tudo para silenciar sua voz.

*O homem mais feliz da história* é a continuação da saga que começou com *O homem mais inteligente da história*, mas os livros podem ser lidos separadamente, sem nenhum prejuízo para o leitor.

## O MAIOR LÍDER DA HISTÓRIA

"Pense nesta tese perturbadora: a educação mundial está formando mentes lógicas, mas idiotas emocionais destituídos de gestão da emoção, autocontrole, empatia e resiliência.

No entanto, houve na história um educador ousadíssimo que escolheu a dedo alunos com esse mesmo perfil. O mais forte, Pedro, era ansioso, descontrolado e intolerante. O mais amável, João, era emocionalmente bipolar e ambicioso. O mais pragmático, Tomé, era paranoico, desconfiava de tudo. O mais lógico, Mateus, tinha fama de corrupto. O mais culto e comedido, Judas, era dissimulado.

Você chamaria um time desses para executar seu projeto vida? Seria um fracasso! Todavia, o maior líder da história, o Mestre dos mestres, não apenas os chamou, mas usou sofisticadas ferramentas socioemocionais para torná-los exemplos de mentes saudáveis e brilhantes.

Neste romance psiquiátrico, Marco Polo é desafiado por um grupo de reitores e intelectuais a educar estudantes universitários alienados, agressivos e intratáveis a partir das mesmas ferramentas que Jesus usou. O resultado? Prepare-se para se surpreender!"

Dr. Augusto Cury

## CONHEÇA OS TÍTULOS DE AUGUSTO CURY:

### Ficção

Coleção *O homem mais inteligente da história*
O homem mais inteligente da história
O homem mais feliz da história
O maior líder da história
O médico da emoção

O futuro da humanidade
A ditadura da beleza e a revolução das mulheres
Armadilhas da mente

### Não ficção

Coleção *Análise da inteligência de Cristo*
O Mestre dos Mestres
O Mestre da Sensibilidade
O Mestre da Vida
O Mestre do Amor
O Mestre Inesquecível

Nunca desista de seus sonhos
Você é insubstituível
O código da inteligência
Os segredos do Pai-Nosso
A sabedoria nossa de cada dia
Revolucione sua qualidade de vida
Pais brilhantes, professores fascinantes
Dez leis para ser feliz
Seja líder de si mesmo
Gerencie suas emoções

sextante.com.br